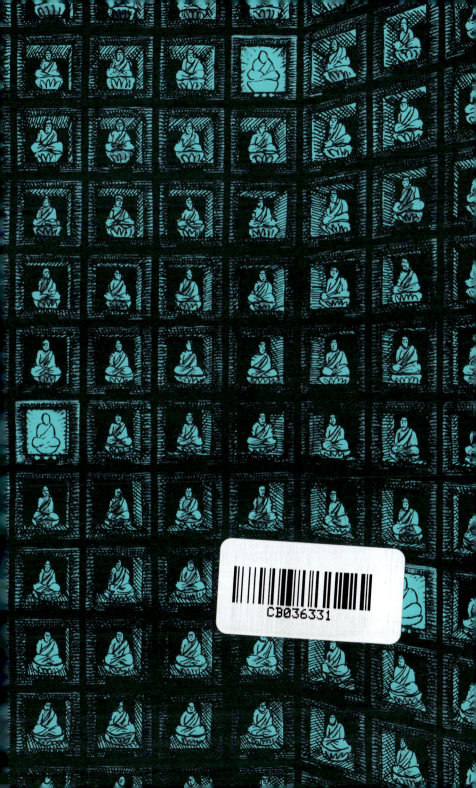

DARKLOVE.

Copyright © 2017 by Caitlin Doughty
Todos os direitos reservados.
Publicado mediante acordo com W.W. Norton & Company, Inc.
Tradução para a língua portuguesa© Regiane Winarski, 2019
Design de capa David J. High, highdzn.com
Ilustrações de capa e miolo © Landis Blair, 2017

Diretor Editorial
Christiano Menezes

Diretor Comercial
Chico de Assis

Gerente Comercial
Giselle Leitão

Diretor de Marketing Digital
Mike Ribera

Editores
Bruno Dorigatti
Raquel Moritz

Editores Assistentes
Lielson Zeni
Nilsen Silva

Adaptação de Capa e Miolo
Retina 78

Designers Assistentes
Aline Martins/Sem Serifa
Arthur Moraes

Finalização
Sandro Tagliamento

Revisão
Ana Kronemberger
Isadora Torres
Aline T.K. Miguel

Impressão e acabamento
Gráfica Geográfica

DADOS INTERNACIONAIS DE CATALOGAÇÃO NA PUBLICAÇÃO (CIP)
Angélica Ilacqua CRB-8/7057

Doughty, Caitlin
 Para toda a eternidade: conhecendo o mundo de mãos dadas com a morte / Caitlin Doughty; ilustrado por Landis Blair; tradução de Regiane Winarski. — Rio de Janeiro: DarkSide Books, 2019.
 224 p.

 ISBN: 978-85-9454-170-3
 Título original: From Here to Eternity

 1. Agentes funerários e funerárias 2. Ritos e cerimônias fúnebres 3. Morte 4. Crônicas norte-americanas I. Título II. Blair, Landis III. Winarski, Regiane

19-0955   CDD 393

            Índices para catálogo sistemático:
              1. Ritos e cerimônias fúnebres

[2019]
Todos os direitos desta edição reservados à
DarkSide® *Entretenimento LTDA.*
Rua Alcântara Machado, 36, sala 601, Centro
20081-010 — Rio de Janeiro — RJ — Brasil
www.darksidebooks.com

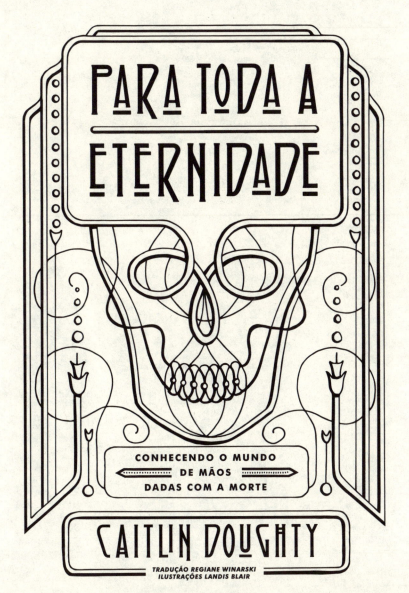

PARA MINHA MÃE E MEU PAI...
E para todos os pais que
deixaram seus filhos esquisitos
serem esquisitos.

Adultos atormentados pela ansiedade da
morte não são esquisitões que contraíram
uma doença exótica, mas homens e mulheres
cujas famílias e culturas deixaram de tecer
as roupas protetoras adequadas para que eles
aguentassem o frio gelado da mortalidade.

— IRVIN YALOM —
psiquiatra

SUMÁRIO

013. POR LUTOS MAIS SAUDÁVEIS
PREFÁCIO

019. A BELEZA DA DIFERENÇA
INTRODUÇÃO

031. COLORADO
CRESTONE

052. INDONÉSIA
CELEBES DO SUL

081. MÉXICO
MICHOACÁN

105. CAROLINA DO NORTE
CULLOWHEE

131. ESPANHA
BARCELONA

143. JAPÃO
TÓQUIO

172. BOLÍVIA
LA PAZ

190. CALIFÓRNIA
JOSHUA TREE

205. RITUAIS QUE TRANSFORMAM
EPÍLOGO

---

213. LITERATURA DE MORTE
221. AGRADECIMENTOS

PARA TODA A ETERNIDADE
CAITLIN DOUGHTY

POR LUTOS MAIS SAUDÁVEIS
PREFÁCIO À EDIÇÃO BRASILEIRA

Sonho com o dia em que frases como "ah, este foi o melhor funeral da minha vida" serão corriqueiras. A própria palavra *funeral* não soará sinistra como hoje (no dia em que meu sonho for realidade talvez ela até tenha encontrado sinônimos mais simpáticos). Na verdade, pouco importa que nome as cerimônias de despedida tenham, desde que elas sejam carregadas de significado e sirvam de ponto de partida para lutos mais saudáveis.

Trabalho há muito tempo no setor funerário e sei, por conta de meus anos de experiência com famílias que passaram por uma perda, o quanto um ritual bem realizado ajuda a encaminhar a experiência do luto a uma direção positivamente transformadora.

Em geral, as pessoas detestam funerais, e faz sentido que seja assim num tempo em que a morte e a tristeza perderam o direito de existir. Em nossa época, o luto é um constrangimento. Tanto para quem o vive quanto para quem convive com o enlutado.

A morte é o tabu do mundo moderno, principalmente nos países ocidentais. Antigamente, quando partos e velórios eram realizados em casa, as crianças eram retiradas de perto durante o nascimento, porque de alguma forma o momento remetia ao tabu da época: a sexualidade. Mas essas mesmas crianças eram autorizadas a comparecer aos velórios. Hoje, a partida deste mundo é um tabu maior do que a chegada a ele.

Até o começo do século xx, 85% dos norte-americanos ainda morriam em casa. Com o avanço da medicina e o desenvolvimento de tratamentos médicos mais prolongados, os doentes terminais foram transferidos para os hospitais. Morrer tornou-se um acontecimento privado, muitas vezes solitário, no cenário frio das utis.

Longe de casa e dos olhos da família e dos amigos, a morte de um ente querido se torna mais asséptica e confortável. Como sociedade, *estamos matando a morte*. Como então encontrar lugar para falar sobre ela, enxergá-la e enfrentá-la?

Uma perda importante nos coloca em contato com os sentimentos humanos mais difíceis: medo, desamparo, tristeza, angústia, solidão, dor, vazio, desespero. Quem passa por essa experiência deve ter direito a alívio e consolo, com acesso a lugares de segurança para expressar o luto.

Se alguém começar a chorar copiosamente no meio de um supermercado, pode parecer estranho ou constrangedor, mas em um cemitério as lágrimas são normais e legítimas. Velórios, cemitérios e crematórios são lugares seguros, onde é permitido falar da pessoa que se foi, chorar e demorar o tempo que for necessário nesse sentir. Quando se perde alguém, o primeiro lugar de segurança é o funeral. A dor é de todos e a presença dos amigos e familiares aquece a alma.

As cerimônias materializam a morte aos olhos de quem fica. Ver e estar com o corpo do falecido ajuda no processo de elaboração e reforça o sentimento de pertencimento social: é a hora de receber apoio, acolhimento e solidariedade.

Para lidar com a morte é preciso estar lá. Vestir o falecido, ornamentar a sala, carregar o caixão, ler um texto, acender uma vela. A participação da família e dos amigos é importante no processo de adeus porque, após o funeral, pode não haver outra maneira de experimentar a dor de forma tão coletiva. O funeral é um evento de cura e parte de sua força vem da presença da família e dos amigos. O sentimento que fica é de pertencimento.

Em nossos esforços para fazer com que tudo passe o mais rápido possível, confiscamos expressões de amor significativas. O funeral e os seus símbolos assumem o papel das palavras que não saem, dos sentimentos que não conseguimos traduzir. O significado social é talvez um dos principais motivos para se realizar um funeral.

E então vem o luto. E luto não é sinônimo de dor. É justamente a expressão da dor. Desde sempre, é isso que nós, seres humanos, fazemos: damos sentido às coisas através da linguagem. Por isso é tão importante que o luto tenha espaço e tempo para acontecer.

Mas se estamos matando a morte, o que precisamos é de uma nova narrativa. O início de uma mudança em relação ao alcance do tema, com a percepção de que há novos porta-vozes trazendo o assunto à tona. Caitlin representa um dos grandes megafones dessa mudança.

Li o primeiro livro dela, *Confissões do Crematório*, com a alegria de encontrar uma alma gêmea. Naquele ano, falei do livro o tanto quanto pude, e presenteei amigos próximos em várias ocasiões porque eu simplesmente acreditava que as pessoas precisavam abrir seus corações para o tema. E sigo acreditando.

Em *Para Toda a Eternidade* viajamos com Caitlin para diversos países e mergulhamos no que há de mais profundo e revelador sobre suas culturas: a forma como um povo lida com a morte. E isso diz muito sobre como também lidam com a vida.

Para o homem branco ocidental, certas coisas podem soar mórbidas ou bizarras — tocar um corpo morto, dormir ao lado de um corpo mumificado, festejar o retorno dos que partiram — mas são rituais potentes e fundamentais para sociedades que estabelecem uma relação mais equilibrada com a morte e, consequentemente, uma transformação positiva após a perda.

O que pode ser indigesto e desrespeitoso nas sociedades em que a morte é vista como um tabu, em algumas culturas evidencia a importância de valores fundamentais de um funeral como lugar de segurança — cerimônias, símbolos, participação, realidade e significado social.

Estes lugares não se restringem a velórios, cemitérios e crematórios tradicionais. São florestas onde um ente querido vai se decompor e voltar a ser vida. Ou grandes piras de fogo que queimam o corpo ao vivo. Cerimônias que permitem participação efetiva dos familiares e amigos, que não abrem espaço para o imaginário ao encarar a realidade sem abrir mão dos símbolos, e que estabelecem significado social e sensação de pertencimento.

Boas narrativas têm o imenso poder de promover mudanças. Caitlin nos provoca, de forma bem-humorada e ousada, mas também com sensibilidade e genuíno respeito, a repensar o sentido da morte — e da vida.

Gisela Adissi
Outono de 2019

Gisela é empreendedora fúnebre, atual Presidente do Sincep e Acembra (Sindicato e Associação dos Cemitérios e Crematórios Particulares do Brasil) e cofundadora do projeto "Vamos Falar Sobre o Luto?".

Para Toda a Eternidade é um trabalho de não ficção. Eu mudei um pequeno número de nomes e detalhes descritivos.

PARA TODA A ETERNIDADE
CAITLIN DOUGHTY

A BELEZA DA DIFERENÇA
INTRODUÇÃO

O telefone tocou e meu coração disparou.

Nos primeiros meses depois que abri minha agência funerária, um telefone tocando era um evento emocionante. Nós não recebíamos muitas ligações. "E se... e se alguém tiver *morrido*?", eu dizia, arfando. (Exatamente, é uma agência funerária — esse era o objetivo.)

A voz do outro lado era de uma enfermeira de uma casa de repouso. Ela tinha declarado a morte de Josephine dez minutos antes; o corpo ainda estava quente. A enfermeira estava ao lado do leito de Josephine, tendo uma discussão com a filha da falecida. A filha tinha decidido ligar para a minha agência funerária porque não queria que levassem a mãe embora assim que ela desse o suspiro final. Ela queria levar o corpo para casa.

"Ela pode fazer isso?"

"Claro que pode", confirmei. "Na verdade, nós encorajamos que façam."

"Não é ilegal?", perguntou a enfermeira com ceticismo.

"Não é ilegal."

"Normalmente, nós ligamos para a funerária e eles vêm buscar o corpo em uma hora."

"A filha é quem manda no corpo. Não a casa de repouso, não o hospital e nem o asilo, e muito menos a funerária."

"Ah, tudo bem, se você tem certeza."

"Eu tenho", afirmei. "Por favor, diga à filha de Josephine que ela pode nos ligar mais tarde ou amanhã de manhã, se preferir. Quando estiver pronta."

Nós pegamos Josephine às oito da noite, seis horas depois da morte. No dia seguinte, a filha nos mandou um vídeo que fez com o celular. No clipe de trinta segundos, a falecida está deitada na cama, usando o suéter e o lenço favoritos. Há velas acesas na mesinha ao lado da cama, e o corpo está coberto de pétalas de flores.

Mesmo na filmagem granulada do celular, dava para ver que Josephine tinha uma aparência radiante em sua última noite na Terra. A filha sentiu orgulho genuíno de sua realização. A mãe sempre cuidou dela, e agora ela estava cuidando da mãe.

Nem todo mundo no meu ramo apoia a forma como conduzo minha agência funerária. Alguns acreditam que o corpo deve ser embalsamado para não oferecer perigo (o que não é verdade), e que o corpo deve ser manuseado apenas por profissionais licenciados (o que também não é verdade). Aqueles com opinião divergente consideram que agentes funerários mais jovens e progressistas estão "começando a fazer nossa profissão parecer uma piada" e se perguntam se "circo é a palavra certa para o que o serviço funerário está virando". Um cavalheiro garantiu: "No dia em que o ramo funerário se transformar em visitações residenciais de três dias a um corpo não embalsamado, eu desisto!".

Nos Estados Unidos, onde eu moro, a morte tornou-se um grande negócio desde a virada do século xx. Um século se mostrou ser a quantidade de tempo perfeita para os cidadãos esquecerem como os funerais eram antes: assunto da família e da comunidade. No século xix, ninguém teria questionado o fato de a filha de Josephine querer preparar o corpo da mãe — seria estranho se ela *não* fizesse isso. Ninguém teria questionado uma esposa lavando e vestindo o corpo do marido ou um pai carregando o filho para o túmulo em um caixão caseiro. Em pouquíssimo tempo, a indústria funerária norte-americana se tornou mais cara, mais empresarial e mais burocrática do que qualquer outra indústria funerária no planeta. Se pudermos ser chamados de melhores em alguma coisa, seria em manter as famílias em luto separadas dos mortos.

Por volta de 2012, quando minha agência funerária (e este livro) ainda era um brilho nos meus olhos, aluguei um chalé junto a uma laguna numa área rural em Belize. Naquela época, eu vivia a vida glamourosa de uma cremadora e transportadora de corpos — o chalé tinha que ser *muito* barato. Não tinha serviço de celular nem wi-fi. A laguna ficava a quinze quilômetros da cidade mais próxima, onde só se chegava por veículo com tração nas quatro rodas. O motorista era o caseiro da propriedade, um belizenho de 30 anos chamado Luciano.

Para você ter uma ideia de como Luciano era, ele andava por toda parte acompanhado por um bando de cachorros leais, ainda que um pouco magrelos. Quando o chalé estava desocupado, ele andava pelas florestas belizenhas por dias seguidos, usando chinelos, carregando o machete, seguido pelos cachorros. Caçava cervos, tapires e tatus, e, quando pegava um, ele matava o animal, esfolava e comia o coração saído direto do peito.

Luciano me perguntou o que eu fazia para ganhar a vida. Quando falei que trabalhava com os mortos em um crematório, ele se sentou na rede. "Vocês os queimam?", perguntou ele. "Fazem churrasco de gente?"

Eu refleti sobre a descrição dele. "Bom, a máquina fica mais quente do que isso. Vai a mais de novecentos graus, então passa bastante do estágio de 'churrasco'. Mas é mais ou menos isso, sim."

Quando alguém morre na comunidade de Luciano, a família leva o corpo para casa, para um velório que dura o dia inteiro. Belize tem uma população bem diversa, presa entre influências caribenhas e latino-americanas, com inglês como a língua oficial. Luciano se identificava como mestiço — descendente dos maias e dos colonizadores espanhóis.

O avô de Luciano era o assistente funerário da comunidade, o sujeito que uma família chamaria para preparar um corpo. Quando ele chegava, às vezes o corpo estava em rigor mortis, os músculos tão rígidos que era um desafio vesti-lo e banhá-lo. De acordo com Luciano, se fosse esse o caso, seu avô falava com o corpo.

"Olha só, você quer chegar bonito no céu? Não posso botar sua roupa se você ficar duro assim."

"Então seu avô *falava* com o corpo para fazê-lo sair do rigor mortis?", perguntei.

"Bem, tinha também que fazer massagem com um pouco de rum para ajudá-lo a se soltar. Mas, é, ele falava com o corpo", respondeu ele.

Depois de convencer o corpo a relaxar, o avô dele o virava de barriga para baixo e o apertava para remover qualquer expurgo ou gás de decomposição. Meio parecido com botar o bebê para arrotar — é melhor *botá-lo* para arrotar do que esperar que arrote *em você*.

"É esse o seu trabalho nos Estados Unidos?", perguntou ele, olhando para a lagoa.

Claro, as cidades maiores em Belize têm funerárias que adotaram os modelos de negócio norte-americanos, induzindo as famílias a comprarem caixões de mogno e lápides de mármore. A mesma tendência à modernidade acontece nos hospitais belizenhos, que podem exigir que uma autópsia seja feita, quer a família deseje o procedimento ou não. A avó de Luciano, antes de morrer, disse que se recusava a ser aberta. "Foi por isso que roubamos o corpo dela do hospital", disse Luciano.

"Perdão, o quê?"

Eu tinha ouvido certo: eles roubaram o corpo dela do hospital. Enrolaram em um lençol e levaram embora. "O que o hospital podia fazer com a gente?", perguntou Luciano.

Ele tem uma história similar sobre um amigo que se afogou ali mesmo, naquela lagoa. Luciano não se deu ao trabalho de comunicar o afogamento às autoridades. "Ele estava morto, o que as autoridades tinham a ver com isso?"

Quando morrer, Luciano quer ser enterrado em uma cova simples, enrolado em pele de animal, com folhas forrando as paredes do túmulo. Ele planeja criar a mortalha de pele animal ele mesmo.

Ele explicou que conversa sobre morte "o tempo todo" com os amigos. Eles se perguntam: "Ei, o que você vai querer quando morrer?".

Luciano quis saber: "As pessoas não dizem isso lá onde você mora?".

Foi difícil explicar que não, que a maioria não fala disso.

Um dos principais questionamentos em relação ao meu trabalho sempre foi por que minha cultura é tão fresca em relação à morte. Por que nos recusamos a ter essas conversas nas quais perguntamos para nossas famílias e amigos o que eles querem que seja feito com seus corpos quando morrerem? Evitar o assunto como fazemos é autodestrutivo. Ao fugir da conversa sobre nosso inevitável fim, nós colocamos nossos recursos financeiros e nossa capacidade de processar o luto em risco.

Eu acreditava que, se pudesse testemunhar como a morte é tratada em outras culturas, talvez pudesse demonstrar que não existe um jeito prescrito de "fazer" ou entender a morte. Nos últimos anos, eu viajei para observar rituais de morte sendo praticados por todo o mundo — na Austrália, na Inglaterra, na Alemanha, na Espanha, na Itália, na Indonésia, no México, na Bolívia, no Japão e pelos Estados Unidos. Há muito a aprender com as piras crematórias da Índia e com os caixões excêntricos de Gana, mas os lugares que escolhi para visitar têm histórias igualmente espetaculares e bem menos contadas. Espero que aquilo que descobri possa nos ajudar a recuperar o significado e a tradição nas nossas comunidades. Esse tipo de recuperação é importante para mim como dona de agência funerária, mas, mais ainda, como filha e amiga.

O historiador grego Heródoto, em seus escritos há mais de 2 mil anos, produziu uma das primeiras descrições de uma cultura que se incomodava com os rituais de morte de outra. Na história, o governante do Império Persa convoca um grupo de gregos. Como eles cremam os mortos, o rei se questiona: "O que seria preciso para fazer com que [eles] comessem os pais mortos?". Os gregos hesitam ao ouvir a pergunta e explicam que riqueza nenhuma no mundo seria suficiente para transformá-los em canibais. Em seguida, o rei convoca um grupo da tribo Callatiae, conhecida por comer a carne dos mortos. Ele pergunta: "Por que preço estariam dispostos a queimar os pais no fogo?". Os membros da tribo imploram para que ele não mencione "tais horrores!".

Essa atitude — a repulsa pela forma como outros grupos lidam com seus mortos — resiste há milênios. Se você já passou a 150 metros de uma funerária moderna, sabe que agentes funerários *amam* a seguinte citação, atribuída a William Gladstone, um primeiro-ministro britânico do século xix:

> *Mostre-me a forma como uma nação cuida de seus mortos, e medirei com exatidão matemática a ternura e a piedade de seu povo, seu respeito pelas leis da terra e sua lealdade aos altos ideais.*

Eles entalham a citação em placas nas paredes e a exibem com destaque em seus sites, junto a gifs da bandeira americana e com "Amazing Grace" como trilha de fundo. Infelizmente, Gladstone nunca ofereceu a equação que nos permitiria determinar, com sua prometida "exatidão matemática", que um método de cuidar dos mortos em particular é 79,9% bárbaro enquanto outro é 62,4% digno.

(Na verdade, Gladstone pode nunca ter proferido essa citação. Ela foi primeiro registrada na edição de março de 1938 de *The American Cemetery*, em um artigo chamado "Successful Cemetery Advertising" [Propagandas bem-sucedidas para cemitérios]. Não posso provar que Gladstone não disse isso, mas um proeminente estudioso de seu trabalho me disse que nunca encontrou a citação. O máximo que chegou a afirmar foi que "parecia uma coisa que ele poderia ter dito".)

Mesmo que reconheçamos os benefícios do ritual de outra cultura, nós muitas vezes permitimos que a parcialidade abale esses sentimentos de aceitação. Em 1636, 2 mil indígenas Wendat se reuniram em torno de uma cova coletiva nas margens do que é agora o lago Huron, no Canadá. A cova tinha dois metros de profundidade por sete de largura e foi preparada para receber os ossos de setecentos indivíduos.

Para os ossos, a cova não foi a primeira parada depois da morte. Quando ainda eram cadáveres frescos, eles foram enrolados em vestes de pele de castor e colocados em plataformas de madeira a três metros do chão. A cada década, mais ou menos, as dispersas comunidades Huron-Wendat reuniam os restos de todos os seus mortos para o enterro comunitário, conhecido como Festa dos Mortos. Em preparação, os cadáveres eram descidos das plataformas. Pessoas da família, em geral mulheres, tinham a tarefa de limpar os ossos de qualquer pedaço de carne remanescente.

A dificuldade na limpeza dos ossos variava de acordo com quanto tempo havia se passado desde a morte da pessoa. Alguns corpos tinham se decomposto, e só a pele seca e fina como papel ainda estava agarrada ao esqueleto. Outros corpos estavam preservados e quase mumificados, o que exigia que a carne ressecada fosse arrancada em tiras e queimada. Os corpos mais trabalhosos pertenciam aos mortos recentes, ainda cheios de larvas.

Esse ritual de limpeza foi testemunhado e registrado por Jean de Brébeuf, um missionário católico da França. Em vez de reagir com horror, ele escreveu com grande admiração sobre a forma íntima como as famílias tratavam os corpos. Em um dos casos, Brébeuf observou uma família desembrulhar um cadáver em decomposição, escorrendo líquidos. A família, inabalada, passou a limpar os ossos e a reembrulhá-los com uma nova veste de castor. Brébeuf perguntou se esse não era "um exemplo nobre que poderia inspirar os cristãos". Ele expressou uma admiração similar quando chegou a hora da cerimônia na cova. Quando os corpos foram cobertos com areia e cascas de tronco, ele achou "encorajador ver" tais "trabalhos de misericórdia" acontecendo.

Naquele momento, parado na beirada da cova, tenho certeza de que Brébeuf ficou comovido pelos rituais de morte do povo Wendat. Mas isso não mudou sua esperança final e fervorosa: a de que todos os costumes e cerimônias deles fossem obliterados e substituídos pelas cerimônias cristãs, para que eles pudessem se tornar "sagrados" em vez de "tolos e inúteis".

É preciso deixar claro que o povo indígena do Canadá não estava aberto aos rituais alternativos que o missionário francês ofereceu. O historiador Erik Seeman escreveu que as Primeiras Nações e os europeus muitas vezes descobriam "perversões apavorantes" uns nos outros. Como os Wendat podiam acreditar que os católicos franceses tinham objetivos nobres quando eles admitiam abertamente o canibalismo, gabando-se de consumir carne e sangue (e justamente do próprio Deus deles) em uma prática chamada Comunhão?

Como a religião é a fonte de muitos rituais de morte, nós muitas vezes invocamos a crença para desonrar as práticas dos outros. Em 1965, James W. Fraser escreveu em *Cremation: Is It Christian?* [*Cremação: é algo cristão?*] (*spoiler*: não) que cremar era "um ato bárbaro" e "um apoio ao crime". Para um cristão decente, é "repulsivo pensar no corpo de um amigo sendo tratado como um rosbife no forno, com todas as gorduras e tecidos derretendo e escorrendo".

Eu passei a acreditar que os méritos de um costume relacionado à morte não são baseados em matemática (por exemplo, 36,7% um "ato bárbaro"), mas em emoções, numa crença na nobreza única da própria cultura da pessoa. Isso quer dizer que consideramos os rituais de morte selvagens apenas quando eles não são como os nossos.

No meu último dia em Belize, Luciano me levou ao cemitério onde ficam seus avós (inclusive a avó roubada). O local era cheio de túmulos altos de concreto, alguns bem cuidados, alguns em estado de ruína. Uma cruz, derrubada sobre o mato, estava enrolada com uma calcinha. Alguém pegou spray preto e escreveu de forma rudimentar "Terra de Gaza" e "Arrependam-se todos os homens" em dois túmulos.

No canto mais distante, embaixo de uma árvore, os caixões dos avós dele estavam um sobre o outro, contidos em um dos túmulos de concreto. "Minha avó, ela não queria tanto cimento. Queria só um buraco no chão, do pó ao pó. Mas sabe como é..."

Luciano varreu com carinho as folhas mortas de cima do túmulo. O que me chamou a atenção foi como Luciano esteve presente em cada passo da morte da avó. Desde roubar o corpo dela no hospital a organizar um velório em que a família bebeu rum e tocou música *ranchera* (o tipo favorito da avó dele), e até a cuidar do túmulo dela, anos depois.

Comparemos isso com a indústria funerária ocidental, em que as pessoas passando pelo luto precisam enfrentar momentos confusos de forma proposital depois de cada perda. A maioria das pessoas não saberia dizer quais produtos químicos são injetados em sua mãe durante o procedimento de embalsamamento (resposta: uma combinação de formaldeído, metanol, etanol e fenol), nem por que precisam comprar uma câmara mortuária de aço inoxidável de 3 mil dólares no cemitério (resposta: para que a equipe de manutenção tenha mais facilidade na hora de cortar a grama). Em 2017, uma investigação da NPR [National Public Radio] sobre funerárias "descobriu um sistema confuso e nada prestativo, que parece feito para ser impenetrável pelo consumidor médio, que precisa tomar decisões custosas em um momento de dor e de estresse financeiro".

Nós precisamos reformar nossa indústria funerária, introduzindo novas práticas que não sejam tão motivadas pelo lucro e que deem abertura para incluir a família. Mas não temos como começar a reformar — nem questionar! — nosso sistema de morte se agirmos como pequenos Jean de Brébeuf, convencidos falsamente de que sabemos o que é certo enquanto todas aquelas "outras pessoas" são desrespeitosas e bárbaras.

Essa atitude de desprezo pode ser encontrada em lugares totalmente inesperados. A Lonely Planet, a maior editora de guias de viagem do mundo, incluiu o idílico cemitério de Trunyan no livro sobre Bali. Em Trunyan, os aldeões tecem jaulas de bambu para que os mortos se decomponham dentro delas, depois empilham os crânios e ossos na paisagem verdejante. A Lonely Planet, em vez de explicar o significado por trás desses costumes antigos, aconselhou os viajantes a "pularem o espetáculo macabro".

Canibalizar seu querido papai como fazia o povo Callatiae pode não ser para você. Também não é para mim; sou vegetariana (brincadeira, pai). Mesmo assim, é errado alegar que o Ocidente tem rituais de morte superiores aos do restante do mundo. Mais ainda, devido à corporatização e à comercialização dos cuidados funerários, nós ficamos para trás do resto do mundo no que diz respeito a proximidade, intimidade e rituais relacionados à morte.

A boa notícia: nós não estamos presos à nossa distância e nossa vergonha da morte. O primeiro passo para consertar o problema é aparecer, estar presente e envolvido. Em cidades grandes e modernas, como Tóquio e Barcelona, eu vi famílias aparecerem para passar o dia com o corpo e ficarem para testemunhar a cremação. No México, vi famílias visitarem o cemitério e deixarem oferendas anos após a morte ter ocorrido, garantindo que ninguém ficasse esquecido.

Muitos dos rituais neste livro vão ser muito diferentes dos seus, mas espero que você veja a beleza nessa diferença. Você pode ser alguém que sente medo e ansiedade reais provocados pela morte, mas está aqui. Assim como as pessoas que vai conhecer, você está presente.

⚬ PARA TODA A ETERNIDADE ⚬
CAITLIN DOUGHTY

COLORADO
CRESTONE

Uma tarde de agosto, eu recebi o e-mail pelo qual andava esperando.

> *Caitlin,*
>
> *Laura, uma pessoa muito querida da nossa comunidade, foi encontrada morta hoje de manhã: ela tinha histórico de problemas cardíacos e tinha acabado de fazer 75 anos. Não sei onde você está, mas está convidada a se juntar a nós.*
>
> *Stephanie*

A morte de Laura foi inesperada. Uma noite de domingo, ela dançou com espontaneidade em um festival de música local. Na manhã de segunda-feira, caiu morta no chão da cozinha. Na quinta-feira, a família se reuniria para cremá-la, e eu estaria lá.

A cremação estava marcada para começar exatamente às sete da manhã, no momento em que o sol rompesse a luz azul da aurora. As pessoas começaram a chegar a partir das seis e meia. Um caminhão, dirigido pelo filho de Laura, se aproximou, trazendo o corpo envolto numa mortalha coral. Houve boatos de que o cavalo dela, Bebe, faria uma aparição, mas no último minuto a família decidiu que a quantidade de pessoas e o fogo seriam muito para Bebe. O anúncio foi de que o cavalo "lamentou não poder comparecer".

A família de Laura tirou o corpo da picape e o carregou em uma maca de tecido pelo campo de margaridas amarelas, subindo pelo suave aclive até a pira. Um gongo soou no ar. Enquanto eu vinha andando do estacionamento pelo caminho de areia, um voluntário sorridente me deu um ramo de zimbro fresco.

Laura foi colocada em uma grade de metal acima de duas placas paralelas de concreto branco liso, embaixo do domo enorme do céu do Colorado. Eu já tinha ido visitar a pira duas vezes, mas o propósito dela ficou mais sóbrio e claro com a presença de um corpo. Um a um, os presentes se aproximaram para colocar um ramo de zimbro sobre o corpo de Laura. Como a única pessoa presente que não a conheceu, eu hesitei em colocar meu zimbro sobre ela — podemos chamar isso de constrangimento funerário. Mas eu não podia ficar segurando o ramo (óbvio demais) nem enfiar na mochila (ridículo), então me aproximei e o coloquei sobre a mortalha.

A família de Laura, incluindo um garotinho de 8 ou 9 anos, formou um círculo em torno da pira com lenha de pinho e de pícea, escolhida porque arde com intensidade acelerada. O companheiro de Laura e seu filho adulto esperavam nos cantos com tochas acesas. Um sinal foi dado, e eles se aproximaram para botar fogo em Laura na hora que o sol surgiu no horizonte.

Enquanto o corpo dela ardia, uma fumaça branca rodopiava em pequenos ciclones, subindo e desaparecendo no sol matinal.

O cheiro trouxe à mente uma passagem de Edward Abbey:

O fogo. O odor de zimbro em chamas é a fragrância mais doce da face da Terra, na minha humilde avaliação; duvido de que todos os incensórios acesos do paraíso de Dante pudessem se igualar. Um sopro de fumaça de zimbro, como o perfume de artemísia depois da chuva, evoca em catálise mágica, como certas músicas, o espaço e a luz e a claridade e a penetrante estranheza do Oeste americano. Que queime por muito tempo.

Depois de alguns minutos, os redemoinhos sumiram, e as chamas vermelhas dançaram no lugar deles. O fogo pegou força e subiu quase dois metros de altura. Os presentes, todos os 130, ficaram parados em volta da pira em silêncio. O único som era o estalar da madeira queimando, como se, uma a uma, as lembranças de Laura se dissipassem no etéreo.

A cremação, na forma praticada na pequena cidade de Crestone, Colorado, existe há dezenas de milhares de anos. Os antigos gregos, romanos e hindus eram famosos por empregarem a modesta alquimia do fogo para consumir a carne e liberar a alma. Mas a cremação em si é bem mais antiga.

No final dos anos 1960, no remoto Outback australiano, um jovem geólogo descobriu os ossos cremados de uma mulher adulta. Ele estimou que os ossos deviam ter até 20 mil anos, mas um estudo mais profundo revelou que tinham 42 mil anos de idade, anteriores à suposta chegada do povo aborígene à Austrália em 22 mil anos. A mulher teria vivido em uma paisagem verdejante com criaturas gigantescas (cangurus, vombates e outros roedores de tamanho incomum). Como alimento, ela pegava peixes, coletava sementes e ovos de emus enormes. Quando morreu, a mulher, agora conhecida como Mungo Lady, foi cremada pela comunidade. Depois da cremação, os ossos foram moídos e queimados de novo, em uma segunda cremação. Foram cobertos ritualmente com

terra vermelha antes de serem enterrados, onde ficaram descansando por 42 mil anos.

Falando na Austrália (essa transição vai valer a pena, eu juro), depois de dez minutos de iniciada a cremação de Laura, uma das cuidadoras do fogo pegou um didjeridu e sinalizou para que um homem com uma flauta de madeira se juntasse a ela.

Eu me preparei. O didjeridu é um instrumento meio cômico para um funeral norte-americano. Mas a combinação do tom amplo do didjeridu e do lamento da flauta era melancólica e acalmou as pessoas que olhavam para as chamas.

E é assim: mais uma cidade pequena dos Estados Unidos, mais uma comunidade em luto reunida em torno da pira. Só que não, obviamente. A pira de Crestone é a única pira comunitária ao ar livre nos Estados Unidos e, na verdade, no mundo ocidental.[1]

As cremações em Crestone nem sempre vinham acompanhadas de rituais comoventes assim. Antes das procissões ao amanhecer e dos didjeridus, e dos distribuidores organizados de zimbro, houve Stephanie, Paul e a Pira Portátil.

"Nós fomos as pessoas por trás da Pira Portátil", explicou Stephanie Gaines, sem rodeios. Ela se descreve como budista hiperengajada. "Eu sou áries de todas as formas", acrescentou ela, "áries em triplo: meu sol, minha lua e meu ascendente." Aos 72 anos, ela cuida da logística da operação da pira de Crestone, com charme e um corte chanel com franja nos cabelos brancos.

Stephanie e Paul Kloppenberg, um personagem igualmente encantador com um carregado sotaque holandês, criaram a pira móvel, levando-a de um lugar para o outro, cremando em propriedades particulares, indo daqui para lá antes que o condado os impedisse. Eles fizeram essa operação portátil em sete cremações.

---

[1] Existe mais uma pira, particular, no Shambala Mountain Center, um retiro budista no norte do Colorado. [As notas são da autora, exceto quando sinalizado.]

"Nós a montávamos no final da rua sem saída mais próxima", disse Paul.

A Pira Portátil consistia de um sistema de baixa tecnologia: eram simplesmente blocos de concreto com uma grade em cima. O calor intenso fazia a grade ficar torta e bamba depois de cada cremação. "Nós tínhamos que passar com uma picape por cima dela para que ficasse plana de novo", disse Stephanie. "Parece loucura, pensando agora", acrescentou ela, achando graça, mas nem um pouco arrependida.

Em 2006, os dois começaram a procurar um lugar permanente para a pira. Crestone pareceu perfeita, a definição de rural, quatro horas ao sul de Denver, com população de 137 pessoas (1.400 nas áreas ao redor). Isso dá a Crestone um ar libertário, do tipo "o governo não se mete". A maconha é legalizada lá, assim como os bordéis. (Não que haja bordéis funcionando, mas *poderia* haver.)

A cidade atrai uma mistura de pessoas em busca de espiritualidade. Pessoas de todo o mundo procuram a cidade para meditar, inclusive o Dalai Lama. Folhetos nas lojas de comida natural anunciam instrutores de qigong, professores de conhecimento das sombras, retiros para as crianças "despertarem seu talento natural", retiros de aulas de dança do Norte da África, e uma coisa chamada "Espaço Sagrado da Floresta Encantada". Os residentes de Crestone incluem hippies e trustafáris, mas muitos que vivem lá são praticantes sérios: budistas, sufis e freiras carmelitas. A própria Laura passou décadas como devota do filósofo indiano Sri Aurobindo.

A primeira proposta de localização permanente da pira de Paul e Stephanie foi por água abaixo quando os donos do terreno ao lado do local — "fumantes, veja bem", observou Paul — criaram um caso sério de "não no meu quintal". Eles eram uns "azedos", disse Stephanie, nem sequer se interessaram pelas provas de que não haveria ameaça de incêndio florestal, emanação de cheiros desagradáveis, envenenamento por mercúrio e nem partículas de matéria. Os fumantes escreveram cartas para o conselho do condado e para a Agência de Proteção Ambiental.

Para lutar contra eles, a equipe da Pira Portátil ganhou legitimidade. Eles criaram uma organização sem fins lucrativos, a Crestone End of Life Project. Apresentaram uma moção atrás da outra, coletaram quatrocentas assinaturas (quase um terço da área ao redor) e reuniram pastas enormes cheias de documentos legais e papelada científica. Eles até visitaram os residentes de Crestone um a um e ouviram suas preocupações.

No começo, houve forte resistência. Um homem dos que eram contra a pira chamou o grupo de "Vizinhos queimando vizinhos". Quando Paul e Stephanie sugeriram (como piada) patrocinar um balão no desfile local, uma família se manifestou dizendo que era "horrivelmente desrespeitoso" exibir um balão decorado com chamas de papel machê.

"As pessoas da cidade ficaram até com medo de que a pira gerasse muito trânsito", disse Stephanie. "Tenha em mente que, para Crestone, seis carros é trânsito."

Paul explicou: "Existe muito medo. 'E a poluição do ar? Não é mórbido? Essas coisas de morte são sinistras'. É preciso ter paciência, ouvir o que estão pedindo".

Paul e Stephanie seguiram em frente, apesar dos obstáculos legais enormes, porque a ideia da pira inspirou a comunidade. (Lembre-se de que os residentes estavam tão empolgados com a oportunidade de serem cremados em uma pira que estavam chamando Paul e Stephanie para montar um queimador com blocos de concreto na entrada de suas casas.) "Quantas pessoas oferecem um serviço que realmente repercute nas outras pessoas?", perguntou Stephanie. "Se não está ressoando em ninguém, esqueça. Foi essa repercussão que me motivou."

Eles finalmente encontraram um lar para a pira: fora da cidade, a algumas centenas de metros da estrada principal. A terra foi doada pelo Dragon Mountain Temple, um grupo zen-budista. Eles não deixam a pira escondida. Quando se entra na cidade, há uma placa de metal com uma única chama que diz "PIRA". A placa foi feita à mão por um fazendeiro local que planta batatas (e que também é o responsável por necrópsias), e ocupa lugar de destaque. A pira em si fica em uma base de areia, contornada por um muro de bambu que se precipita e faz uma curva como caligrafia. Mais de cinquenta pessoas foram cremadas lá, inclusive (em um dramático *plot twist*) o cara que dizia "Vizinho queimando vizinho", que mudou de ideia antes da morte.

Três dias antes da cremação de Laura, voluntários do Crestone End of Life Project foram até a casa dela. Eles prepararam o corpo, ajudaram os amigos a banhá-la e colocaram-na embaixo de um cobertor térmico para desacelerar qualquer tipo de decomposição. Eles a vestiram com tecidos naturais, pois sintéticos como o poliéster não funcionam bem na pira.

A organização ajuda a família com a logística pós-morte independentemente das finanças. E a família não precisa escolher a cremação a céu aberto. Os voluntários do Crestone End of Life estão preparados para ajudar, quer a família escolha um enterro convencional (embalsamado), um enterro natural (sem túmulo e sem embalsamar) ou uma cremação na funerária algumas cidades mais adiante. Paul se referiu a essa última opção como "cremação comercial".

Stephanie interrompeu: "Paul, você devia chamar de cremação *convencional*".

"Não", argumentei, "cremação comercial parece correto."

Crestone foi inspiradora para mim como profissional — e foi por isso que voltei várias vezes —, mas também havia um toque de melancolia (que beirava a inveja). Eles tinham uma pira gloriosa sob o céu azul, enquanto eu tinha que levar as minhas famílias para um crematório barulhento e poeirento em um armazém nos arredores da cidade. Eu até prometeria convidar a tocadora de didjeridu se pudesse ter um local tão espetacular para cremação na minha agência funerária.

A cremação industrial em fornalhas surgiu na Europa no final do século XIX. Em 1869, um grupo de especialistas médicos se reuniu em Florença, na Itália, para denunciar o enterro como algo não higiênico e defender uma mudança para a cremação. Quase simultaneamente, o movimento pró-cremação saltou o oceano até os Estados Unidos, liderado por reformadores como o absurdamente nomeado reverendo Octavius B. Frothingham, que acreditava que era melhor para um cadáver se transformar em "cinzas brancas" do que em uma "massa de podridão". (Meu próximo álbum de música drone folk vai se chamar *As Reformas Crematórias de Octavius B. Frothingham.*)

O primeiro corpo a passar por uma cremação "moderna e científica" nos Estados Unidos foi o do barão Joseph Henry Louis Charles De Palm. (Podem esquecer a ideia anterior, o disco de música drone folk vai se chamar agora *A Combustão do Barão De Palm.*) O bom barão, um nobre austríaco sem um tostão furado, que o *New York Tribune* chamou de "principalmente famoso como cadáver" (uma combustão literal e figurativa), morreu em maio de 1876.

A cremação dele foi marcada para dezembro, seis meses depois da morte. Durante esse tempo, o corpo foi injetado com arsênico, e quando o arsênico foi considerado fraco demais para impedir o apodrecimento, seus órgãos foram retirados do corpo e a pele foi coberta de argila e ácido carbólico por um agente funerário local. Na viagem de trem de Nova York para a Pensilvânia (onde ele seria cremado), o cadáver mumificado sumiu por um tempo no vagão de bagagens, provocando o que o historiador Stephen Prothero chamou de "uma brincadeira macabra de pique-esconde".

O crematório para esse evento inaugural foi construído na propriedade de um médico da Pensilvânia. Continha uma fornalha alimentada a carvão que supostamente cremaria o corpo sem que as chamas nem precisassem tocar nele — só o calor já desintegraria o cadáver. Apesar de o médico ter dito que a cremação seria "estritamente um experimento científico e sanitário", o corpo de De Palm foi salpicado de especiarias e colocado numa cama de rosas, folhas de palmeira, prímulas e sempre-vivas. Quando o corpo entrou na fornalha, os observadores relataram um odor distinto de carne queimada, mas o cheiro logo deu lugar aos aromas de flores e especiarias. Depois de uma hora na fornalha, o corpo de De Palm começou a brilhar com uma névoa rosada. O brilho ficou dourado, e finalmente brilhou em vermelho transparente. Depois de duas horas e meia, o corpo se desintegrou em ossos e cinzas. Jornalistas e críticos no local declararam que o experimento resultou "no primeiro cozimento cuidadoso e inodoro de um ser humano em um forno".

A partir disso, as máquinas crematórias só ficaram maiores, mais rápidas e mais eficientes. Quase 150 anos depois, a cremação chegou a recordes de popularidade (pela primeira vez, em 2017, mais americanos foram cremados do que enterrados). Mas a estética e o ritual em torno do processo quase não mudaram. Nossas máquinas crematórias ainda parecem os modelos introduzidos nos anos 1870 — monstros de dez toneladas feitos de aço, tijolo e concreto. Consomem milhares de dólares em gás natural por mês, liberando monóxido de carbono, fuligem, dióxido de enxofre e mercúrio altamente tóxico (proveniente das obturações dentárias) na atmosfera.

A maioria dos crematórios, principalmente nas cidades maiores, é relegada a zonas industriais, escondida em armazéns discretos. Dos três crematórios onde trabalhei nos meus nove anos na indústria funerária, um era em frente ao armazém de distribuição do *Los Angeles Times*, onde caminhões de carga chegavam e saíam a qualquer hora; outro ficava atrás de um armazém "Estrutural e Cupim" (vai saber o que se fazia lá); e o terceiro era vizinho de um ferro-velho, onde carros eram desmontados para que se aproveitassem os pedaços de metal.

É possível encontrar um crematório localizado no terreno de um cemitério, mas essas áreas costumam ficar escondidas nos prédios de manutenção, o que quer dizer que qualquer pessoa que queira assistir à cremação precisa passar por cortadores de grama e pilhas de coroas de flores podres retiradas do cemitério.

Alguns crematórios são chamados de "ambientes de celebração da vida" ou "centros de tributo à cremação". As famílias ficam atrás de paredes de vidro em salas com ar-condicionado, vendo o corpo desaparecer por uma portinha de metal na parede. A máquina escondida atrás da parede é o mesmo forno industrial encontrado nos armazéns, mas a família não pode ver o mágico atrás da cortina. A camuflagem afasta ainda mais a família da realidade da morte e das máquinas volumosas e com pouca eficiência ambiental. Pelo privilégio de levar a mamãe para um "centro de tributo à cremação", o preço pode ir a mais de 5 mil dólares.

Não estou dizendo que passar para a cremação a céu aberto resolveria todas essas questões. Nos países em que a pira de cremação é a norma, como a Índia e o Nepal, as inúmeras cremações anuais queimam mais de 50 milhões de árvores e liberam carbono negro na atmosfera. Depois do dióxido de carbono, o carbono negro é a segunda principal causa das mudanças climáticas provocadas pelo homem.

Mas o modelo de Crestone chega perto. A organização não lucrativa já recebeu várias ligações de progressistas na Índia querendo adotar a estrutura e os métodos da pira deles — elevada do chão para usar menos madeira e liberar menos poluição danosa. Se uma reforma é possível nesse método tão antigo, inextricavelmente ligado à religião e ao país, uma reforma também é possível nas máquinas crematórias modernas e industriais.

Laura morou em Crestone durante anos, e parecia que a cidade toda tinha ido à pira naquela manhã. O filho dela, Jason, falou as primeiras palavras, o olhar fixo nas chamas: "Mãe, obrigado pelo amor", disse ele, a voz falhando. "Não se preocupe conosco agora, voe e seja livre."

Enquanto o fogo continuava ardendo, uma mulher se adiantou para descrever sua chegada a Crestone onze anos antes. Quando se mudou para a cidade, ela vinha sofrendo por anos de uma doença crônica. "Eu me mudei para Crestone para procurar alegria. Eu achava que tinham sido as nuvens e o céu amplo que me curaram, mas agora acho que foi Laura."

"Nós somos apenas seres humanos", outro amigo dela acrescentou. "Nós todos temos defeitos. Mas Laura, eu não via defeitos nela."

As chamas trabalharam rapidamente na mortalha coral de Laura. Enquanto os presentes falavam, as chamas seguiram para a pele exposta e para as camadas de tecidos moles.

O fogo desidratou os tecidos, a maioria feita de água, que murcharam e sumiram. Isso expôs seus órgãos internos, os seguintes a sucumbir às chamas.

Seria um espetáculo macabro para os não iniciados, mas os voluntários da organização sem fins lucrativos estavam atentos para esconder da plateia o trabalho detalhado da pira. Eles se deslocavam com graça e conhecimento para garantir que nenhum odor, cabeça ou braço queimado ameaçassem aparecer. "Nós não estamos tentando esconder o corpo das pessoas", explicou Stephanie, "mas as cremações costumam ser abertas para toda a comunidade, e nunca se sabe quem vai estar presente e nem como vão reagir à intensidade de sentimentos que a pira pode provocar. As pessoas se imaginam deitadas naquela pira um dia."

Conforme a cerimônia prosseguia, os voluntários andavam de forma imperceptível em volta da pira, adicionando madeira. Ao longo da cremação, a organização queimou um terço de um corde[2] de lenha: 1,1 metro cúbico.

As chamas continuaram ardendo e chegaram aos ossos de Laura. Os joelhos, calcanhares e ossos da face queimaram primeiro. Demorou mais para o fogo chegar aos ossos da pélvis, dos braços e das pernas. A água evaporou do esqueleto, seguida da matéria orgânica. A cor dos ossos se transformou de branca a cinza, depois a preta e novamente a branca. O peso dos troncos pressionou os ossos de Laura na grade de metal até caírem no chão abaixo dela.

Um dos cuidadores do fogo puxou uma vara comprida de metal e a colocou no fogo. A vara passou pelo local onde antes estava a cabeça de Laura, mas o crânio tinha sumido.

Já tinham me dito que cada cremação de Crestone era única. Algumas eram diretas, do tipo "acende o fogo e fim". Outras duravam horas, enquanto os presentes executavam

---

2 Unidade de medida para lenha, utilizada especialmente nos Estados Unidos. Um corde é equivalente a 128 pés cúbicos, ou 3,6 metros cúbicos. [Nota da Editora, daqui em diante NE.]

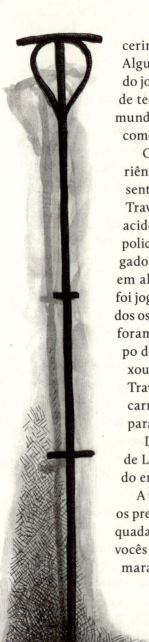

cerimônias religiosas e espirituais elaboradas. Algumas eram mais casuais, como a cremação do jovem que queria um baseado e uma garrafa de tequila na pira. "Bem, posso dizer que todo mundo que estava na direção do vento gostou", comentou um voluntário.

O que permanece consistente é que a experiência da pira é transformadora para os presentes. A pessoa mais jovem a ser cremada foi Travis, de apenas 22 anos, que morreu em um acidente de carro. De acordo com o relatório policial, ele e os amigos estavam bêbados e drogados, percorrendo uma estrada rural escura em alta velocidade. O carro capotou, e Travis foi jogado longe e declarado morto no local. Todos os jovens de Crestone e das cidades próximas foram participar da cremação. Quando o corpo de Travis foi colocado na pira, sua mãe puxou a mortalha para beijar sua testa. O pai de Travis segurou o rosto do rapaz que dirigia o carro e, na frente da comunidade, disse: "Olhe para mim, eu perdoo você". E a pira foi acesa.

Depois de uma hora do início da cremação de Laura, o sentimento de dor tinha diminuído entre as pessoas.

A última pessoa se apresentou para falar com os presentes de uma forma que teria sido inadequada apenas noventa minutos antes. "Tudo que vocês disseram sobre Laura ter sido uma pessoa maravilhosa, é tudo verdade. Mas, na minha mente, ela sempre vai ser uma das velhas loucas. Uma festeira. Eu gostaria de mandar um uivo para ela."

"Auuuuuuuuuuuuuuuu", gritou ela, com as pessoas

ao redor acompanhando. Mesmo eu, que pouco tempo antes estava tímida até para colocar meu zimbro na pira, soltei um uivo hesitante.

Às nove e meia daquela manhã, só Stephanie e eu (e o que restava de Laura) estávamos na pira, sentadas em um banco de madeira. Só restavam três troncos nas brasas, no estágio delicado de combustão final. Segundo um termômetro infravermelho dos bombeiros, a temperatura das brasas era de mais de 650 graus.

Stephanie costuma ser a primeira a chegar e a última a ir embora de um local de cremação. "Eu gosto do silêncio", disse ela.

Stephanie ficou imóvel por alguns minutos, mas se levantou de repente. Pegou um pedaço da grade de metal e o examinou. "Esse é o novo design de Paul, com proteção de fagulhas. Deve segurar as cinzas em uma noite de vento. Pedaços de madeira não escapam, mas e as fagulhas das brasas?"

Em poucos minutos, Stephanie estava ao telefone com os bombeiros para pedir testes de proteção de fagulhas e uma inspeção. A energia infinita dela não permitia que ficasse parada por muito tempo. Eu me perguntei como ela conseguiu enfrentar os anos de paciência necessários para tornar a pira realidade. "Foi exaustivo esperar que a comunidade nos aceitasse. Foi muito difícil não ficar forçando o assunto com as pessoas."

Quanto mais tempo eu passava em Crestone, mais a

cidade parecia uma Mayberry[3] mórbida. A organização faz reuniões com os moradores para verificar se a respectiva papelada de fim de vida está em ordem. As pessoas param Stephanie na agência dos correios para dizer: "Estou feliz por você estar aqui. Vou à próxima reunião para preencher minha declaração antecipada de vontade". As pessoas de Crestone *sabem* o que fazer quando alguém morre. Os voluntários que vão às casas preparar os corpos me contaram que as famílias começaram a dizer para eles: "Ah, obrigado por ter vindo, mas está tudo bem, podemos cuidar de tudo a partir daqui".

Até os cadáveres têm um toque de cidade pequena. Uma mulher decidiu que queria ser enterrada no cemitério natural de Crestone (o primeiro no estado). Quando morreu, as filhas levaram o corpo de Denver até lá na caçamba de uma picape, em um contêiner Rubbermaid cheio de gelo.

"Nós não tínhamos lugar para botar a mulher até o enterro", disse Stephanie, "então decidimos deixá-la no museu da cidade durante a noite."

As filhas gostaram da ideia. "Nossa mãe gostava tanto de história, ela aprovaria isso."

O cemitério natural é aberto para qualquer um, mas a pira é restrita a quem mora na comunidade. A organização sem fins lucrativos recebe telefonemas de todo o país, de hindus, budistas, nativos americanos e entusiastas da pira que querem que seus corpos sejam enviados a Crestone depois que eles morrerem. Como uma operação pequena com voluntários, eles não têm capacidade e nem gente suficiente para lidar com cadáveres vindos de fora (mesmo que tivessem, o comissário local só permite que atendam os arredores do condado). Ter que dizer não é difícil para os dois lados.

3   Mayberry é o nome de uma comunidade fictícia situada na Carolina do Norte, onde foi ambientada a famosa sitcom americana *The Andy Griffith Show*, e, posteriormente, *Mayberry R.F.D.*, sua continuação. Devido ao sucesso das séries, o termo "Mayberry" passou a ser usado para se referir à vida em uma cidade pequena e idílica e à simplicidade — positiva e negativa — da vida no campo. [NE]

A única vez que eles abriram uma exceção foi quando um caminhante da Geórgia, que ficou desaparecido por nove meses e foi alvo de uma busca generalizada, foi encontrado. Bem, uma parte dele foi encontrada — a coluna, a bacia e uma perna. Eles aceitaram fazer a cremação ao decidir que ele tinha "estabelecido sua residência pós-morte".

O funeral na pira é tão atraente que algumas pessoas até compraram terras em Crestone só para se qualificarem para a cremação a céu aberto. Uma mulher de 42 anos, morrendo de câncer de colo de útero, obteve um pequeno terreno, e, quando morreu, a filha de 12 anos ajudou a preparar o corpo dela para a pira.

Esse desejo existencial pelo abraço ardente da pira é comum no mundo todo. Na Índia, as pessoas da família transportam cadáveres até uma fila de piras crematórias nas margens do rio Ganges. Quando um pai morre, a pira é acendida pelo filho mais velho. Quando as chamas ficam muito quentes, a pele borbulha e é consumida. Na hora certa, um cajado de madeira é trazido e usado para abrir o crânio do homem morto. Naquele momento, acredita-se que a alma é libertada.

Um filho, ao descrever as cremações dos pais, escreveu que "antes [de quebrar o crânio], você treme — pois essa pessoa estava viva algumas horas antes —, mas quando bate no crânio, você sabe que o que está pegando fogo à sua frente é só um corpo, afinal. Tudo que estava ligado a ele se foi". A alma é libertada, enquanto uma música espiritual indiana soa em um alto-falante: "Morte, você acha que nos derrotou, mas nós cantamos a música da madeira em chamas".

Pittu Laugani, um hindu que mora no Ocidente, explica a dor de testemunhar uma cremação industrializada, comercial. Em vez de colocar o corpo na madeira da pira, os presentes veem o caixão "deslizar por uma esteira operada eletricamente e cair em um buraco escondido". Trancado em uma câmara de aço e tijolos, quando o crânio se abre, a alma do homem vai ficar aprisionada na máquina, obrigada a se misturar com os milhares de outras almas que a máquina prendeu. Vai ser um *akal mrtya*, uma morte ruim. Para a família, o processo todo "pode ser uma experiência estressante e até grotesca".

Davender Ghai, uma ativista hindu, luta com o Newcastle City Council na Inglaterra há anos para legalizar as piras como a de Crestone. Ghai venceu a batalha no tribunal, e piras a céu aberto podem ser uma realidade no Reino Unido em breve. Ele explicou que "ser enfiado em uma caixa e incinerado em uma fornalha não é minha ideia de dignidade, menos ainda a execução de um sacramento antigo".

Seria simples permitir piras a céu aberto em qualquer comunidade que as deseja. Mas os comitês de cemitérios e de funerais dos governos oferecem uma resistência enorme à ideia. Como os vizinhos azedos de Crestone, eles argumentam que piras a céu aberto seriam difíceis de controlar, e que causariam impacto na qualidade do ar e no meio ambiente de formas desconhecidas. Crestone provou que piras a céu aberto podem ser inspecionadas em relação a questões de segurança como qualquer crematório industrial. Agências ambientais podem fazer testes para determinar o impacto ambiental e regular as piras de acordo com isso. Então por que os governos locais continuam a resistir?

A resposta é tão deprimente quanto óbvia: dinheiro. O funeral norte-americano médio custa de 8 mil a 10 mil dólares — sem incluir o jazigo e os custos do cemitério. Um funeral do Crestone End of Life custa 500 dólares, tecnicamente uma doação "para cobrir as despesas com madeira, presença do corpo de bombeiros, a maca e o uso da terra". Colocando o custo em perspectiva, é aproximadamente 5% do preço de um funeral norte-americano tradicional. Se você não tem dinheiro, mas é membro da comunidade, a organização até deixa de cobrar a taxa. Ghai promete um modelo similar de cremações em pira no Reino Unido. Ele planeja cobrar 900 libras, mas diz que "vamos fazer isso como caridade, de graça. Só precisam encontrar o terreno".

No século XXI, afastar dinheiro e lucro da morte é algo quase inédito, principalmente por ser tão difícil de conseguir. Depois do furacão Katrina, um grupo de monges beneditinos no sul da Louisiana começou a vender caixões de cipreste de baixo custo feitos à mão. O Comitê de Embalsamadores e Diretores Funerários do estado emitiu uma ordem de cessar e desistir, alegando que só funerárias licenciadas pelo comitê podiam vender "mercadoria funerária". Um juiz federal acabou ficando do lado dos monges e disse que estava claro que a venda dos caixões não representava risco à saúde pública, e que a motivação do comitê era puro protecionismo econômico.

Legal e logisticamente, burlar a indústria funerária e suas regulamentações para criar um serviço de atendimento à morte sem fins lucrativos para uma comunidade é quase impossível. Nesse cenário, em que comitês funerários vão atrás de monges — monges! —, é um desafio explicar o quanto a conquista de Crestone é verdadeiramente impressionante.

Na manhã seguinte ao funeral em Crestone, eu entrei no círculo crematório e fui recebida por dois cachorros adoráveis andando em volta da pira. McGregor, irmão de Stephanie e coletor de

 cinzas voluntário, tinha chegado cedo naquela manhã para mexer nos restos de Laura, o equivalente ao peso de 17 litros de cinzas e ossos. Da pilha de cinzas, ele tirou os maiores fragmentos de ossos — pedaços de fêmur, de costela e do crânio —, que algumas famílias gostam de levar para casa e guardar como lembrança.

Havia bem mais cinzas naquela pilha do que em uma cremação comercial típica, que deixa restos suficientes apenas para caber em uma lata de café. Na Califórnia, nós temos que moer os ossos em uma máquina prateada chamada Cremulator até se tornarem "fragmentos de ossos irreconhecíveis". O estado não gosta que os ossos maiores e reconhecíveis sejam distribuídos para a família.

Vários amigos de Laura queriam um pouco das cinzas, e qualquer excesso que sobrasse seria espalhado nas colinas em volta da pira ou nas montanhas mais distantes. "Ela adoraria isso", disse Jason. "Está em toda parte agora."

Eu perguntei a Jason se alguma coisa tinha mudado para ele desde a cremação no dia anterior. "Minha mãe me trouxe para ver a pira na minha última visita. Eu fiquei confuso, achei que ia ter que me sentar naquele banco ali e cremar minha mãe sozinho. Pareceu tão mórbido. Três dias atrás, eu estava horrorizado com o que tinha que fazer aqui em Crestone. Mas minha mãe tinha me dito: 'Foi isso que escolhi para o meu corpo, e você pode vir ou não'."

Quando Jason chegou para o velório da mãe na casa dela, as coisas começaram a mudar. No final da cremação, ele percebeu que tinha uma comunidade toda ao seu lado. Houve conversas e músicas, e ele aceitou o apoio de todo mundo que amava sua mãe. "Isso foi comovente para mim. Mudou as coisas."

Agachado sobre as cinzas, McGregor explicou para o filho de Laura o que eles estavam vendo. Demonstrou como os ossos ficavam frágeis depois de serem submetidos ao calor, desfazendo um pequeno fragmento em cinzas com a mão.

"O que é isto?", perguntou Jason, pegando um pedacinho de metal da pira. Era o mostrador iridescente de um relógio Swatch que Laura estava usando quando foi levada para a pira. Entortado e nas cores do arco-íris por causa do calor do fogo, tinha parado para sempre às 7h16 da manhã — o momento em que as chamas realmente tomaram conta.

: PARA TODA A ETERNIDADE :
CAITLIN DOUGHTY

INDONÉSIA
CELEBES DO SUL

Há uma região remota na Indonésia onde as pessoas permanecem presentes com seus mortos de uma forma que não conseguimos nem começar a conceber — o cálice sagrado da interação com os cadáveres. Durante anos, eu achei que visitar esse lugar estava fora do meu alcance. Mas tinha me esquecido de uma coisa crucial: eu conhecia o dr. Paul Koudounaris.

Um dia, na primavera, eu estava sentada na casa do dr. Paul, um estudioso do macabro patrimônio cult de Los Angeles. Quando digo sentada, quero dizer direto no piso de madeira. A casa de Paul em Los Angeles, que ele chama de "castelo do pirata marroquino", não tem mobília. Há amontoados de animais empalhados, quadros da Renascença e lanternas do Oriente Médio penduradas no teto.

"Vou a Tana Toraja para o *ma'nene'* em agosto", disse ele com uma indiferença que só Paul consegue ter. Nos últimos doze anos, ele viajou pelo mundo fotografando tudo, desde cavernas mortuárias em Ruanda a igrejas tchecas decoradas com ossos humanos, e monges mumificados na Tailândia, cobertos da cabeça aos pés com folhas de ouro. Ele é o tipo de sujeito que, para se transportar para a Bolívia rural, pegou carona em um avião de paraquedistas da Segunda

Guerra Mundial que transportava carne congelada. Os únicos outros passageiros eram um fazendeiro, seu porco, sua ovelha e seu cachorro. Quando o avião passou por uma turbulência, os animais correram. Na hora em que Paul e o fazendeiro correram para pegá-los de volta, o copiloto se virou e gritou: "Parem de sacudir o avião, vocês vão fazer a gente cair!". Paul é o tipo de pessoa que consegue encarar uma viagem a Toraja.

E ele me convidou para ir junto. "Mas, só para deixar você avisada, a viagem em si é um saco."

Vários meses depois, nós pousamos em Jacarta, a maior cidade da Indonésia. A Indonésia é composta de mais de 17 mil ilhas e ostenta a quarta maior população do mundo (atrás da China, da Índia e dos Estados Unidos).

Para pegar o voo seguinte, nós fomos até o controle de passaportes.

"Para onde vocês estão viajando na Indonésia?", perguntou a agradável jovem do atendimento.

"Tana Toraja."

Um sorrisinho malicioso surgiu no rosto dela.

"Estão indo ver os cadáveres?"

"Estamos."

"Ah... é mesmo?" Ela pareceu surpresa, como se tivesse feito a pergunta apenas para iniciar uma conversa educada. "Os cadáveres, sabe, será que eles andam sozinhos?"

"Não, a família os segura. Eles não são zumbis", esclareceu Paul.

"Eu tenho medo deles!" Ela se virou para compartilhar uma gargalhada nervosa com a colega na cabine ao lado enquanto carimbava nossos passaportes.

Quando finalmente chegamos em Macaçar, a capital da ilha de Celebes do Sul, eu estava acordada havia 39 horas. Quando saímos do aeroporto para o ar pesado, Paul foi cercado como uma celebridade. Esqueci-me de mencionar que

Paul em pessoa é tão extravagante quanto a casa dele — uma declaração que faço com total respeito. Ele tem *dreadlocks* espessos, uma barba de mago com contas e tatuagens. Viajou com uma sobrecasaca de veludo roxo e uma cartola com um crânio de arminho preso na aba. Ninguém sabe a idade dele. Ele já foi descrito por um amigo em comum como "um assaltante de estrada do século XVIII reimaginado por Tim Burton". Paul refere-se a si mesmo como "um cruzamento entre Prince e Vlad, o Empalador".

Os homens pararam a incessante oferta de táxis para olhar melhor as tatuagens e o chapéu com crânio de Paul. A estranheza visual dele o faz passar por portas trancadas e entrar em monastérios secretos e cavernas de ossos aos quais ninguém mais teria acesso. As pessoas ficam confusas demais para dizer não.

Não houve tempo para um cochilo em um hotel. Nós encontramos nosso motorista e fomos levados pelo trajeto de carro de oito horas para o norte. Campos verdes de arroz se prolongavam dos dois lados da estrada, e búfalos asiáticos descansavam languidamente em poças de lama.

Conforme seguíamos pelas terras baixas do sul, nós ouvimos dos alto-falantes nas mesquitas da beira da estrada o chamado muçulmano à oração. A maioria dos indonésios é muçulmana, mas nas montanhas remotas de Tana Toraja o povo seguia uma religião animista chamada Aluk to Dolo ("o jeito dos ancestrais") até os holandeses introduzirem o cristianismo, no começo dos anos 1900.

Nós chegamos às montanhas não muito depois. Nosso motorista disparou por ruas de mão dupla, desviando e contornando lambretas e caminhões em um eterno jogo de enfrentamento automotivo. Sem falar a língua dele, acabei tendo que usar o símbolo universal de "Fala sério, mano, eu vou vomitar".

Quando chegamos a Toraja, eu estava começando a ter alucinações pela falta de sono. Mas Paul, que tirou múltiplos cochilos no avião, queria fotografar uma série de cavernas mortuárias próximas antes de escurecer.

Não havia ninguém nas cavernas mortuárias de Londa quando paramos lá. Junto ao penhasco, em um andaime bambo, havia pilhas de caixões feitos de madeira em formato de barco, de búfalo e de porco. A datação por radiocarbono mostra que caixões assim são usados em Toraja desde 800 a.C. Crânios apareciam nas rachaduras da madeira como vizinhos xeretas, vendo nossa chegada. Quando a madeira dos caixões se decompõe, os ossos que eles abrigam saem rolando e se espalham pela lateral do penhasco.

Mais surreal ainda, os caixões ficavam ao lado de fileiras e mais fileiras de *tau-tau*, as efígies mortuárias realistas de madeira que os habitantes de Toraja fazem para os mortos, dispostas como um importante conselho do vilarejo. Elas representam as almas dos ossos anônimos espalhados na caverna. Os *tau-tau* mais antigos têm entalhe rudimentar, com olhos brancos exageradamente grandes e perucas desgrenhadas. Os *tau-tau* mais modernos são perturbadores em seu realismo, com rostos bem marcados, verrugas convincentes e pele com veias visíveis. Eles usam óculos, roupas e joias, e parecem prontos para se levantar apoiados em suas bengalas e nos dar as boas-vindas.

Dentro da caverna escura, crânios ocupavam as fissuras e parapeitos naturais na pedra. Alguns eram habilmente arrumados em pilhas e fileiras em forma de pirâmide, enquanto outros ficavam de cabeça para baixo. Alguns estavam descoloridos e brancos, e outros eram de um verde vívido, cobertos de musgo. Alguns tinham cigarros na boca. Um maxilar inferior (sem o resto do crânio) fumava dois cigarros ao mesmo tempo.

Paul fez sinal para que eu o seguisse por um pequeno buraco, para o que eu imaginava ser outra câmara da caverna. Agachada e apertando os olhos na escuridão, vi que o trajeto exigiria que eu me arrastasse deitada por um túnel.

"Pode deixar, eu fico aqui."

Paul, que às vezes invade minas abandonadas de cobre e pedra-pomes na área de Los Angeles (porque é claro que ele faz isso), foi em frente. A cauda da sobrecasaca desapareceu no buraco.

Meu celular, a única fonte de luz, estava com 2% de bateria, então o desliguei e fiquei sentada no escuro no meio dos crânios. Minutos se passaram, talvez cinco, talvez vinte, quando uma lanterna surgiu na escuridão. Era uma família: uma mãe e vários adolescentes, turistas indonésios de Jacarta. Pela perspectiva deles, eu devo ter parecido um gambá flagrado pelos faróis de um carro na frente de um muro de garagem.

Em inglês gracioso e apurado, um jovem se posicionou junto ao meu cotovelo e disse: "Com licença, moça. Se quiser olhar na direção da câmera, nós vamos postar uma foto no Instagram".

Flashes começaram a piscar, enviando minha imagem para #LondaCaves. Por mais estranho que tenha parecido

no momento, eu entendia por que a descoberta de uma mulher branca de um metro e oitenta com vestido de bolinhas no canto de uma caverna cheia de crânios era um momento digno de Instagram. Eles tiraram várias fotos comigo em poses diferentes antes de seguirem em frente.

Eu acordei renovada depois de catorze horas de sono comatoso no nosso hotel na cidade de Rantepao. Nós fomos encontrar nosso guia, Agus, no saguão. Ele era compacto e exibia boa forma, bonito. Agus passou 25 anos levando turistas holandeses e alemães em passeios no meio da floresta e por corredeiras, mas recentemente desenvolveu um relacionamento especial com Paul, concentrado na morte. Agus nos contou que o *ma'nene'* (o ritual a que fomos assistir) só aconteceria no dia seguinte ("no tempo de Toraja"). A aventura do dia seria um aperitivo para o *ma'nene'*: um funeral de Toraja.

Nós percorremos estradas de terra infinitas no utilitário de Agus, pelas colinas verde-esmeralda. Por vários quilômetros, ficamos atrás de uma lambreta com um porco preto peludo preso com corda verde-néon na garupa do motoqueiro. Eu cheguei para a frente no banco. O porco estava morto? Como se tivesse ouvido, as patas do porco começaram a se mexer.

Agus me viu olhando. "Porcos são mais difíceis de levar de moto do que uma pessoa. Eles se contorcem."

O porco estava indo para o mesmo funeral que nós. Um de nós não voltaria.

Dava para ouvir o funeral antes de vê-lo: tambores e címbalos tocando. Nós entramos no meio do amontoado de gente atrás do cadáver. O corpo estava sendo transportado em uma réplica de uma casa tradicional de Toraja. Essas casas, conhecidas como *tongkonan*, são apoiadas sobre estacas e têm telhados com pontas que se projetam em direção ao céu; não se parecem com nenhuma casa que eu já tenha visto. O cadáver, dentro da minicasa, era carregado nos ombros de 35 jovens rapazes.

A multidão se reuniu em um pátio central enquanto o cadáver seguia para a periferia. Foi um progresso lento — a casa era mais pesada do que o esperado, e os homens tinham que parar em intervalos de trinta segundos e botá-la no chão.

No centro do pátio havia um búfalo, robusto e de postura séria. A presença dele implicava uma vaga ameaça do que viria a seguir. Preso no chão por uma corda curta, o búfalo parecia a ovelha deixada para o T-Rex faminto em *Jurassic Park: O Parque dos Dinossauros*. Como Tchekhov disse sobre o teatro, se você revela uma arma no palco no primeiro ato, é melhor que seja disparada no final.

Os turistas (pelo menos os que eu sabia que eram turistas por causa da pele branca e do sotaque europeu ocidental) estavam isolados no canto mais distante do pátio. Essa é a principal preocupação em relação ao turismo da morte em Toraja: como trazer os turistas para perto, mas não perto demais. Nosso exílio na Seção J me parecia mais do que justo, e eu me sentei para observar enquanto Paul preparava a câmera para as fotos. Hoje ele estava usando um traje mais apropriado para o tempo úmido: macacão jeans, um distintivo de xerife, meias de bolinhas e um chapéu de caubói.

Havia alguns turistas totalmente sem noção. Um casal se aboletou em cadeiras dobráveis junto com a família do morto na seção VIP. Os moradores foram educados demais para pedir que eles saíssem. Uma alemã idosa com cabelo louro mal-pintado andou diretamente pelo centro do pátio no meio das festividades, tirando fotos com o iPad enfiado na cara das crianças locais, fumando um Marlboro atrás do outro. Fiquei com vontade de puxá-la para fora de lá com uma bengala de vaudeville.

O turismo em Tana Toraja é um desenvolvimento recente, quase desconhecido no período anterior aos anos 1970. O governo indonésio tinha se concentrado em desenvolver o turismo (com muito sucesso) em outras ilhas, como Bali e Java, mas Tana Toraja tinha uma coisa que esses outros lugares não tinham: morte impressionante e ritualística. No entanto, eles não queriam mais ser vistos pelo resto da Indonésia como um lugar de "caçadores de cabeça e de magia negra", mas como participantes de uma alta tradição cultural.

O cadáver seguiu para o pátio. Os homens que carregavam a casa a levantavam e abaixavam, cantarolando e grunhindo. Eles continuaram até ficarem exaustos e terem que apoiar a casa toda no chão, depois respiraram fundo e começaram de novo. Era hipnótico olhar aquele esforço crescente, principalmente em comparação ao ritmo solene da procissão de carregadores de caixão no Ocidente.

O cadáver era (*é*, se você é de Toraja) o de um homem chamado Rovinus Linton. Ele era importante para o vilarejo, funcionário do governo e fazendeiro. Atrás de mim havia um pôster de um metro e meio do rosto de Rovinus. A imagem mostrava um homem com 60 e tantos anos, em um elegante terno azul e com um bigode fino estilo John Waters.

Crianças em trajes adornados com elaborados bordados de miçangas corriam pelo pátio, desviando dos homens carregando porcos amarrados a hastes de bambu. Os porcos guinchavam enquanto os homens os levavam para uma área nos fundos, fora de nossa vista. Na casa principal, uma tapeçaria onde se via um grupo de princesas da Disney servia de porta; Bela, Ariel e Aurora viram os porcos seguirem para o abate. Eu me perguntei se o porco da garupa da lambreta de mais cedo estava entre eles.

Esses funerais de Toraja não são eventos casuais em que cada um leva uma coisa. Cada porco e animal de sacrifício levado por uma família é cuidadosamente registrado. Eles mantêm um sistema de débitos que faz as pessoas continuarem indo a funerais durante anos. Como Agus disse: "Se você levar um porco ao funeral da minha mãe agora, eu vou levar um para você um dia". As culturas da morte de Toraja e dos Estados Unidos dividem esse traço particular dos gastos excessivos; ninguém quer ser visto como desrespeitoso para com os mortos.

Todos esses rituais podem parecer complicados, mas Agus alegou que já foram bem mais. Os pais dele nasceram na religião animista Aluk, mas seu pai se converteu ao

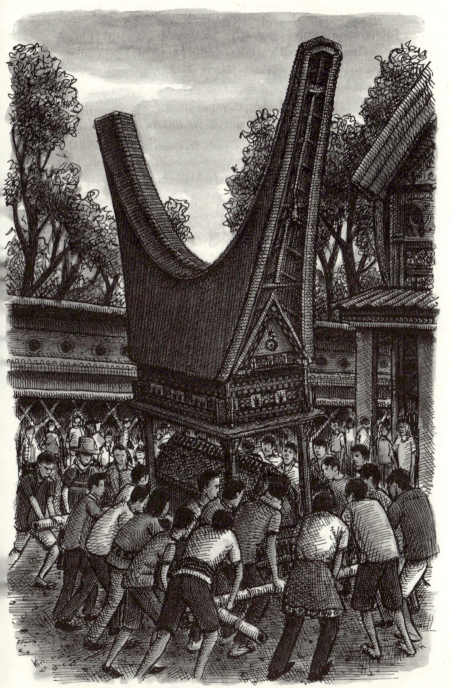

catolicismo aos 16 anos. Agus ofereceu sua teoria: "Há 7.777 rituais em Aluk. As pessoas abandonaram a religião porque ficou complicado demais". O catolicismo não parece ser o lugar mais indicado para ir em busca de menos rituais complicados, mas é isso aí.

Os presentes ficaram em silêncio quando o sacerdote se aproximou do microfone e iniciou seu sermão. Eu não entendi as palavras, mas ele pontuou o discurso com saudações ao morto, gritando "RO-vinus LIN-TOOOOOOON!" no volume máximo. Por vinte minutos ele falou, e quando começou a perder a atenção com a falação repetitiva, ele gritou no microfone, como um roqueiro de *death metal*, "COOOOOEEEEE!". Tenho que dizer, se você está sentado ao lado de um alto-falante e não percebe a chegada de um "COOOOOEEEEE!", isso pode ser destruidor. Agus traduziu a expressão como uma coisa parecida com "escutem!". Nos anos recentes, a narração dos funerais de Toraja (assim como as escolhas de coreografia e trajes) recebeu sugestões vindas de programas de variedades na televisão.

Rovinus morreu, como a medicina ocidental definiria o termo, no fim de maio, três meses antes. Mas, de acordo com a tradição de Toraja, Rovinus permanecia vivo. Ele podia ter parado de respirar, mas seu estado físico era mais como uma febre alta, uma doença. Essa doença duraria até o primeiro animal, búfalo ou porco, ser sacrificado. Depois do sacrifício, *ma'karu'dusan* ("dar o último suspiro"), Rovinus poderia finalmente morrer junto ao animal.

Durante seus dois anos de trabalho de campo em Toraja, o antropólogo Dimitri Tsintjilonis desenvolveu uma amizade íntima com uma mulher local chamada Ne' Layuk, que se referia a Dimitri como um de seus filhos. Ele voltou para Toraja nove anos depois, animado para surpreender Ne' Layuk com seu alegre retorno, mas descobriu que ela tinha morrido duas semanas antes de sua chegada. Dimitri foi visitar o cadáver dela e foi levado para a sala dos fundos por uma pessoa da família, que anunciou para Ne' Layuk que Dimitri tinha "voltado".

> *Olhando para o rosto dela, eu me abaixei ao seu lado e sussurrei minha saudação. Apesar de um lado do rosto parecer estar desmoronando levemente, ela parecia serena e composta... Ela só estava "dormindo" (mamma') e "sabia" (natandai) que eu estava lá. Mais do que isso, ela podia me ouvir e me ver; na verdade, ela não estava "morta" (mate); ela só estava doente ("quente de febre") e "conseguia sentir tudo" (nasa'dingan apa-apa).*

Em Toraja, durante o período entre a morte e o funeral, o corpo fica em casa. Pode não parecer um choque, até eu contar que esse período pode durar de vários meses a vários anos. Durante esse tempo, a família cuida do corpo e o mumifica, leva comida, troca as roupas e fala com o cadáver.

Na primeira vez que Paul visitou Toraja, ele perguntou a Agus se era incomum uma família deixar um parente morto em casa. Agus riu da pergunta. "Quando eu era criança, meu avô ficou em casa por sete anos. Meu irmão e eu dormíamos com ele na mesma cama. De manhã, nós vestíamos roupas nele e o colocávamos de pé encostado na parede. À noite, ele voltava para a cama."

Paul descreve a morte em Toraja, da forma como ele testemunhou, não como uma "fronteira inflexível", um muro impenetrável entre os vivos e os mortos, mas uma fronteira que pode ser transgredida. De acordo com o sistema de crença animista deles, também não há barreira entre os aspectos humanos e não humanos do mundo natural: animais, montanhas e até os mortos. Falar com o cadáver do seu avô é uma forma de construir uma ligação com o espírito da pessoa.

O sacerdote estava em silêncio, seu último "COOOOOEEEEE!" sumindo misericordiosamente no alto-falante. Paul se aproximou de mim e sussurrou: "Depois que sacrificarem o búfalo, acho que um dos turistas devia ser o próximo".

Como se tivessem ouvido, dois homens andaram na direção do búfalo. Um deles enrolou uma corda azul no anel de metal da narina. O homem foi gentil com o búfalo e fez carinho no queixo dele. O búfalo pareceu não reparar que tinha se tornado o centro das atenções. O segundo homem se agachou para amarrar as patas da frente a estacas de madeira no chão.

Eu estava esperando — não sei bem — outra cantoria, uma reunião de pessoas da família? Mas só se passaram alguns segundos até que o homem puxasse a cabeça do búfalo pela corda, tirasse um machete do cinto e cortasse diretamente o pescoço dele. O búfalo pulou para trás, os músculos e chifres poderosos em exibição. Ele tentou fugir, mas a corda o segurou no lugar. Havia um corte vermelho vívido no pescoço dele, mas não havia sangue pingando. O primeiro corte não foi fundo o bastante.

Vários outros homens se aproximaram, segurando a corda passada no nariz do búfalo, mas o animal não queria ceder. Ele pulou e se debateu, expondo a traqueia cortada para os presentes. Não foi fácil de assistir. O homem tirou um machete do cinto e fez um segundo corte no pescoço. Desta vez, da garganta do búfalo jorrou sangue vermelho elétrico.

O búfalo recuou com força suficiente para se soltar da estaca de madeira. Cambaleou para a direita e partiu para cima dos presentes. Houve caos, gritaria. A filmagem da minha pequena câmera de vídeo entrou em modo *Cloverfield: Monstro*, com respiração pesada e imagens do chão em movimento. As pessoas correram ao meu redor e eu cortei a mão na beirada de um pilar de concreto.

Eu tinha certeza de que alguém (provavelmente eu) seria vítima da vingança do búfalo, mas os celebrantes o pegaram e arrastaram de volta para o centro, onde ele finalmente caiu imóvel, o sangue escorrendo em uma poça de espuma vermelha em volta do pescoço. Os ruídos de lamento e gargalhadas nervosas dos presentes explodiram em uma polifonia complexa. O perigo deu vida ao funeral.

Agus estava em uma ligação telefônica acalorada.

"Qual é o problema?", perguntei a Paul.

"Nós temos que levar um porco."

"Onde nós vamos arrumar um porco?"

"Agus está procurando um. É grosseria aparecer sem um porco."

O carro já estava cheio. Havia eu, Paul, Agus, o motorista e Atto, um garoto de 15 anos que pegou carona para o vilarejo distante. Não havia espaço para um porco.

Agus desligou o telefone e anunciou: "Amanhã meu amigo vai trazer o porco na lambreta dele".

Atto passou o caminho todo enviando mensagens de texto, como se esperaria de um adolescente preso em um carro com adultos. Durante o *ma'nene'*, os túmulos do tio e do bisavô dele seriam abertos. Os dois homens morreram antes de Atto nascer, então ele só os conheceu como cadáveres.

O vilarejo não tinha praça central, mas era uma série de povoados isolados. A maioria da população era de produtores de arroz, inclusive nossos anfitriões. Eles moravam em sete *tongkonan* (as casas altas de Toraja sobre estacas) situadas em volta de um pátio comunitário. Galos gordos cacarejavam. Cachorros magrelos corriam atrás dos galos e crianças gargalhavam e corriam atrás dos cachorros. Mulheres batiam no arroz recém-colhido com varas compridas de bambu em movimentos hipnotizantes e repetitivos.

As pessoas chegaram ao vilarejo para começar a limpar as dez casas-túmulo que ficavam amontoadas. Cadeados pesados nas portas dos túmulos eram um costume recente; não que os vizinhos não confiassem uns nos outros, mas alguns anos antes uma múmia foi roubada do vilarejo e levada para Rantepao para ser vendida para um colecionador. Deram pistas de quem a pegou aos aldeões, e eles foram para Rantepao roubá-la de volta.

Um grupo de homens se reuniu para discutir a logística da ventilação das casas-túmulo. Um aldeão chamado John Hans Tappi foi colocado em um dos túmulos dois anos antes. Dava para ver o caixão de madeira escura apoiado em um canto, pela porta aberta. O filho de Tappi estava com medo de que o ar lá dentro estivesse úmido demais. "Espero que meu pai ainda esteja bem, ainda mumificado, e não tenha começado a apodrecer."

Esse seria um *ma'nene'* importante para John Hans Tappi. O filho dele achava que, quando John morreu dois anos antes, a família não pôde fazer o suficiente por ele financeiramente. Não puderam pagar o sacrifício de um búfalo em honra a ele, e a afronta assombrava o filho desde então. Ele acreditava que, ao não matar o búfalo, "meu pai não foi levado para a segunda vida". Isso mudaria naquela semana; o búfalo já tinha sido escolhido e estava esperando em um campo próximo.

Duas casas-túmulo depois, uma mulher abriu a porta e borrifou uma lata tamanho família de aromatizador de ambiente de limão lá dentro.

Mais à frente na estrada, uma família tinha matado um porco e estava esperando a chegada de um pastor protestante para abençoar seu novo túmulo, que receberia seis pessoas da família. Eles perguntaram se queríamos nos juntar a eles para jantar.

Pedaços de carne de porco foram picados e colocados em tubos de bambu para serem cozidos no fogo. O porco foi morto ao lado do fogo onde agora assava. Poças de sangue de porco iam secando conforme nós comíamos, e várias moscas preguiçosas zumbiam em volta de nós. As patas cortadas estavam penduradas em uma plataforma de bambu ali perto. Um cachorrinho apareceu correndo e foi embora com um pedaço das vísceras do porco, ainda pingando sangue e fluidos. "Ei!", o cuidador do fogo gritou para o animal, mas deixou o cachorro apreciar seu prêmio.

Uma mulher me ofereceu uma folha de bambu com uma pilha de arroz rosado quente em cima. Os tubos de bambu foram retirados do fogo, a carne ainda chiando. Muitos dos pedaços do porco eram pura gordura. Na metade da refeição eu levantei a folha de bambu e olhei melhor para a pele crocante e gordurosa e vi os folículos pilosos ainda visíveis. É a pele de um animal morto, eu me dei conta, e fiquei repugnada no momento.

Por mais tempo que tivesse passado observando a mortalidade humana, eu não reconhecia um animal morto que não viesse embrulhado em plástico e isopor. A antropóloga francesa Noëlie Vialles escreveu sobre o sistema alimentar na França, embora isto pudesse ser dito sobre quase qualquer país no Ocidente: "matar era necessário para ser industrial, e isso quer dizer em grande escala e de forma anônima; devia ser não violento (idealmente, indolor) e devia ser invisível (idealmente, inexistente). Devia ser como se não existisse".

Devia ser como se não existisse.

Uma mulher idosa, tão velha que os olhos estavam cobertos de cataratas, pegou uma pequena pilha de arroz e olhou para o vale. Ela não interagiu com ninguém ao redor; talvez não fosse mais capaz. Agus me cutucou com um dedo sujo de carne de porco e sussurrou: "Este túmulo vai ser dela". Ele estava zombando dela, mas também contando um fato básico. Aquela mulher logo seguiria seus ancestrais e se mudaria para aquela nova casa amarela, "a casa sem fogo e sem fumaça".

Mais tarde, naquela noite, nosso porco chegou na lambreta. Logo assumiu residência embaixo de uma das casas e comeu os restos de comida, sem saber que eu e Paul o tínhamos levado até lá para que encontrasse o próprio fim.[1]

Naquela noite, nós dormimos no âmago da casa *tongkonan*. Parecia enorme vista de fora, então ficamos surpresos ao subir a escada de madeira e descobrir um único aposento sem janelas. A cama ficava no chão, e caímos em um sono agradecido. Só depois, à noite, foi que percebemos que estávamos errados quanto ao aposento único. Trancas de madeira na parede levavam a três outros quartos. Durante toda a noite, pessoas entraram e saíram das paredes à nossa volta.

A manhã seguinte começou com o som de um gongo suplicante tocando ao longo da estrada do vilarejo. Estava anunciando o começo oficial do *ma'nene'*.

A primeira múmia que vi usava óculos de sol estilo aviador dos anos 1980, com aros amarelos.

"Caramba", pensei, "aquele cara parece meu professor de álgebra do ensino fundamental."

Um jovem segurava a múmia enquanto outro cortava o blazer azul-marinho com uma tesoura, até a calça, revelando o tronco e as pernas. Considerando que aquele cavalheiro

---

[1] Quando fizemos as contas, eu devia a Paul 666 dólares pelo porco, pelo hotel e pelo serviço de Agus como guia. Meu imposto de renda de 2015 tinha uma baixa de um porco de sacrifício de 666 dólares.

estava morto havia oito anos, ele estava incrivelmente bem conservado, sem cortes óbvios e sem aberturas na pele. Dois caixões depois, um outro sujeito não tinha tido a mesma sorte. Seu corpo estava agora totalmente murcho, sem nada além de tiras finas de pele seca sobre osso, mantidas no lugar por um pano bordado dourado.

Sem usar nada além de uma cueca boxer e os óculos de aviador, a múmia foi colocada no chão, com um travesseiro embaixo da cabeça. Um retrato de dezoito por vinte em um porta-retratos, tirado durante a vida dele, estava apoiado ao lado do corpo. Quando vivo, ele era bem menos parecido com meu professor de matemática do que atualmente, depois de oito anos mumificado.

Um grupo de mulheres caiu de joelhos ao lado do homem e chorou, gritando o nome dele e acariciando suas bochechas. Quando o choro diminuiu, o filho do homem se aproximou com um conjunto de pincéis — do tipo que se compra na loja de material de construção mais próxima. O filho começou a limpar o cadáver, passando o pincel na pele grossa com movimentos curtos e amorosos. Uma barata saiu de dentro da cueca. O filho não pareceu se importar e continuou com as pinceladas. Era um tipo de luto que eu nunca tinha visto.

Dez minutos antes, Agus tinha recebido uma ligação dizendo que havia múmias sendo desembrulhadas em um túmulo de difícil acesso perto do rio. Corremos naquela direção, por um caminho estreito de terra, até um campo de arroz. O caminho terminou em uma vala de água escura. Sem um vau ou uma ponte, nós resmungamos e passamos pela lama grossa. Eu escorreguei de bunda pelo barranco.

Quando chegamos no local, quase quarenta corpos tinham sido retirados das casas-túmulo e alinhados em fileiras no chão. Alguns estavam enrolados em panos coloridos, alguns estavam em caixões estreitos de madeira, e alguns estavam enrolados em colchas e cobertores com desenhos — estou

falando de Hello Kitty, Bob Esponja e vários personagens da Disney. A família foi de corpo em corpo, decidindo quem desembrulhar. Alguns eram desconhecidos; ninguém lembrava exatamente quem eram. E alguns eram prioridade máxima — um marido amado ou uma filha que deixara saudade e eles mal podiam esperar para rever.

Uma mãe desembrulhou o filho, que tinha morrido com apenas 16 anos. Primeiro, só deu para ver um par de pés tortos. Mãos surgiram, e pareceram bem conservadas. Homens dos dois lados do caixão puxaram o corpo com delicadeza, testando para ver se conseguiam levantá-lo sem que o corpo se desfizesse. Conseguiram colocá-lo na vertical, e embora o tronco estivesse conservado, o rosto era um esqueleto, exceto pelos dentes e pelo cabelo castanho. A mãe dele não pareceu se importar. Ela ficou em êxtase de ver o filho, ainda que por um momento, mesmo naquele estado, e segurou a mão dele e tocou seu rosto.

Ali perto, um filho fez carinho na pele do pai, cujo rosto estava manchado de rosa da manta de batik. "Ele era um bom homem", disse ele. "Tinha oito filhos, mas nunca bateu em nós. Estou triste, mas também feliz, porque posso cuidar dele como ele cuidou de mim."

O povo de Toraja falava diretamente com os cadáveres, narrando seu próximo gesto: "Agora eu vou tirar você do túmulo", "Eu trouxe cigarros, desculpe por não ter mais dinheiro", "Sua filha e a família chegaram de Macaçar", "Agora vou tirar seu casaco".

No túmulo perto do rio, o líder da família nos agradeceu por termos ido e por levarmos vários maços de cigarro. Ele disse que Paul podia tirar fotos à vontade e que eu podia fazer perguntas. Em troca, pediu: "Se vocês virem algum estrangeiro perto do vilarejo, não contem sobre este lugar, é secreto".

Eu me lembrei da alemã grosseira no funeral, o cigarro pendurado na boca, o iPad enfiado na cara das pessoas. Fiquei com medo de ter virado aquela mulher. Nosso desejo de ver uma coisa pela qual vivemos meses de expectativa nos levou para um lugar onde não éramos desejados.

Nós voltamos pelo campo de arroz até a rua principal, e descobrimos que nossa família anfitriã tinha finalmente começado a remover e desembrulhar seus mortos. Reconheci um homem da minha idade que trabalhava como designer gráfico em Rantepao. Ele tinha chegado de lambreta tarde da noite enquanto eu dormia. Puxou um esqueleto enrolado em tecido dourado. "Este é meu irmão, ele morreu em um acidente de moto quando tinha 17 anos." Ele apontou para o corpo embrulhado ao lado. "Aquele é meu avô."

Colina abaixo, outra família tinha montado um piquenique completo, com direito até a toalha quadriculada vermelha e branca, para o avô, que tinha morrido sete anos antes. Era sua segunda aparição em uma cerimônia *ma'nene'* e ele ainda estava em boas condições em termos de conservação. A família limpou o rosto dele com uma vassoura de grama e o virou para tirar a pele seca da parte de trás da cabeça. Ele foi colocado de pé para um retrato de família, e todos se reuniram em torno dele, alguns estoicos, alguns sorrindo. Eu estava observando de lado quando uma mulher me chamou para participar da foto. Eu balancei as mãos como quem diz "Não, péssima ideia", mas eles insistiram. Em algum lugar no meio da Indonésia, há uma foto minha com uma família de Toraja e uma múmia limpinha.

Eu tinha ouvido falar sobre mumificação feita em climas muito secos ou muito frios, mas o ar exuberante e úmido da Indonésia não entrava nessa categoria. Então, como os mortos daquele vilarejo se tornavam múmias? Alguns alegavam que só mumificavam os corpos do jeito antigo — enfiando óleos pela boca e garganta da pessoa e passando folhas especiais de chá e casca de árvore na pele. O tanino no chá e na casca de árvore cria uma ligação e encolhe as proteínas na pele, deixando-a mais forte, mais firme e mais resistente

ao ataque de bactérias. O processo é similar a como um taxidermista conservaria uma pele de animal (por isso a palavra "tanar", ou "curtir" o couro).

A nova moda na mumificação de corpos de Toraja não passa do velho formol de embalsamador (uma solução de formaldeído, metanol e água) injetado no corpo. Uma mulher com quem falei não queria que as pessoas de sua família recebessem as injeções mais invasivas, mas disse em tom de conspiração: "Eu sei que as outras pessoas estão fazendo isso".

Os aldeões daquela região de Toraja são taxidermistas amadores do corpo humano. Considerando que o povo de Toraja agora usa fórmulas químicas similares às usadas pelos norte-americanos para mumificar seus mortos, eu me pergunto por que os ocidentais ficam tão horrorizados com a prática. Talvez não seja a preservação extrema que cause ofensa. E, sim, o fato de que um corpo de Toraja não seja recolhido a um caixão isolado, preso em uma fortaleza de cimento embaixo da terra, mas ouse permanecer entre os vivos.[2]

Ao serem confrontados com a ideia de ficar com a mãe em casa durante sete anos depois da morte dela, muitos ocidentais imaginam o filme *Psicose* e seu gerente de hotel perturbado. Os aldeões de Toraja preservam os corpos das suas mães; Norman Bates preservou o corpo da mãe. Os aldeões moram com os corpos por muitos anos; Norman Bates viveu com o corpo da mãe por muitos anos. Os aldeões conversam com seus cadáveres como se eles estivessem vivos; Norman conversava com o corpo da mãe como se ela estivesse viva. Mas enquanto os aldeões passavam uma tarde limpando os túmulos, exalando uma normalidade mundana, Norman Bates é o segundo vilão do cinema mais assustador de todos os tempos, segundo o American Film Institute, atrás de Hannibal Lecter e à frente de Darth Vader. Ele não conquistou essa posição sinistra por ter assassinado inocentes hóspedes de hotel usando as roupas da mãe; ele a conquistou porque os ocidentais acham que há algo de profundamente apavorante em interagir com os mortos por um longo período de tempo. (Estraguei completamente o filme com meu *spoiler*. Peço desculpas.)

No dia anterior, eu conheci o filho de John Hans Tappi. Hoje, ia conhecer o próprio John Hans. Ele estava deitado, pegando sol com uma cueca boxer xadrez e um relógio de ouro. O peito e a cavidade abdominal foram injetados com formol quando ele morreu, o que explicava por que dois anos depois seu tórax ainda estava impecavelmente preservado, enquanto o rosto tinha ficado preto e esburacado, revelando o osso embaixo. Quando a família teve que limpar por dentro da cueca e tirar o pó em volta do pênis mumificado, todos pareceram tão incomodados quanto era de se esperar. Fizeram uma piada autodepreciativa e terminaram o serviço.

---

2   O que gera a pergunta: por que preservar um corpo de forma tão intensa se você *não* planeja ficar com ele, Estados Unidos?

Crianças pequenas corriam de múmia em múmia, inspecionando-as e cutucando-as antes de saírem correndo. Uma garota de uns 5 anos subiu na lateral de uma casa-túmulo para se juntar a mim na beirada de um telhado, acima da agitação. Nós duas ficamos em silêncio, unidas por um elo de constrangimento, preferindo assistir do topo.

Agus me viu lá em cima e gritou: "Olha, fico pensando em como eu vou ficar assim. Eu vou ser assim, né?".

Novamente na casa onde estávamos hospedados, um garoto de 4 anos nos observou comer tigelas de arroz. Ele levantou a cabeça por trás de uma amurada e deu gritinhos de prazer quando fiz caretas para ele. A mãe o mandou nos deixar em paz, então ele arrumou um pincel. Andou pelo pátio e se agachou ao lado de uma folha seca de bambu no chão. Começou a movimentá-lo, totalmente concentrado, passando por todos os vãos. Se a tradição do *ma'nene'* continuar, há boas chances de ele crescer e passar a fazer isso com um corpo, talvez o de uma das pessoas que encontramos ali no vilarejo.

Na manhã seguinte, John Hans Tappi tinha sido vestido com roupas novas, um paletó preto com botões dourados e calça azul-marinho. Estava se mudando hoje, indo para uma nova casa-túmulo na mesma rua, azul-clara com uma cruz branca no alto. A decoração no túmulo era uma mistura cultural: símbolos tradicionais do búfalo, mas também o coração sagrado da Virgem Maria, fotos de Jesus orando e uma interpretação completa da Santa Ceia.

A família de John Hans o apoiou e fez pose com ele para uma última foto com o traje novo antes de colocá-lo de volta no caixão. Colocaram sapatos sociais pretos reluzentes ao lado de seus pés e cobertores sobre ele, para que ficasse aquecido. Ao fechar a tampa, eles poliram as laterais e carregaram o caixão pela rua nos ombros, batucando e cantarolando no caminho. Esse foi o fim da agitação para John Hans, pelos próximos três anos, quando sairá novamente.

Quando eu estava botando as coisas no carro, Agus comentou: "Sabia que tem um corpo naquela casa?". Ele apontou para a casa ao lado do lugar onde dormimos, a menos de dez metros. A família estava esperando para ver como nós reagiríamos para nos contar sobre uma mulher chamada Sanda, uma idosa de 70 anos que morreu duas semanas antes.

"Quer vê-la?", perguntou Agus.

Eu assenti lentamente; de alguma forma, fazia sentido termos um cadáver dorminhoco adjacente durante toda nossa estada.

"Ei, Paul", sussurrei para a escada no nosso alojamento. "Acho que você vai querer descer."

Seguindo instruções de Agus, levamos o que restara de nossa comida para oferecer a Sanda — ela ia saber que fomos nós que levamos. No quarto dos fundos, encontramos Sanda sobre uma esteira de bambu seco. Ela estava embaixo de um cobertor xadrez, usando blusa laranja e lenço rosa. A bolsa estava ao lado, com comida espalhada. O rosto estava enrolado em panos e tinha a textura emborrachada que vi tantas vezes em corpos embalsamados.

Sanda foi conservada com formol, injetado por um especialista local. A família não podia aplicar as injeções porque a fórmula química era "temperada demais" para os olhos deles. Sendo agricultores de arroz bem-sucedidos, a família de Sanda não tinha tempo para cuidar do corpo dela diariamente, como o costume tradicional exigiria.

Até ir para a casa-túmulo, ela vai morar com a família. Eles levam comida, chá e oferendas. Ela os visita em sonhos. Havia só duas semanas que ela tinha passado pela fronteira suave e porosa da morte. Depois que o odor se dispersasse, a família planejava que ela dormisse no mesmo aposento que eles.

Agus — que, lembre-se, dormiu com o avô morto por sete anos quando criança — deu de ombros. "Nós estamos acostumados com esse tipo de coisa. Essa vida e morte."

Antes de chegar à Indonésia, tive dificuldade de encontrar descrições de que rituais eu veria naquela região de Tana Toraja. Relatos recentes — ao menos em inglês — são poucos. (Jogar *ma'nene'* no Google gera links que direcionam a NeNe Leakes, do programa *Real Housewives of Atlanta*.)

As fotos também são raras: as melhores imagens que encontrei apareceram no tabloide britânico *Daily Mail*. Não sei onde conseguiram as fotos; certamente não enviaram um correspondente. A seção de comentários on-line me fascinou. "Meu Deus, o que aconteceu com 'descanse em paz'?", retrucou um leitor. "Falando sério, isso é tãããão desrespeitoso", acrescentou outro.

E realmente, se esse leitor desenterrasse a tia Sally do cemitério de Minnesota e andasse com o cadáver dela por um bairro de subúrbio em um carrinho de golfe, sim, seria desrespeito. O leitor não cresceu acreditando que os relacionamentos familiares devem ter continuidade depois da morte do corpo. Para os habitantes de Toraja, tirar alguém do túmulo anos depois da morte não só é respeitoso (a coisa *mais* respeitosa que eles podem fazer, na verdade), mas funciona como uma forma importante de continuarem ligados aos mortos.

Ser agente funerária significa que todo mundo me faz perguntas sobre o cadáver da mãe morta. Ninguém faz ideia da frequência com que escuto: "Minha mãe morreu onze anos atrás no norte de Nova York, foi embalsamada e enterrada no túmulo da família. Você pode descrever como ela deve estar agora?". A resposta depende de muitos fatores: o tempo, o solo, o caixão, os produtos químicos. Eu nunca posso dar uma boa resposta. Mas, enquanto eu via as famílias de Toraja interagirem com suas mães mumificadas, percebi que aquelas pessoas não precisam perguntar a um agente funerário sobre o estado do corpo da mãe. Elas sabem perfeitamente bem como a mamãe está, mesmo onze anos após a morte dela. Ver a mãe de novo, mesmo naquele estado alterado, pode ser menos assustador do que os espectros da imaginação humana.

⠿ PARA TODA A ETERNIDADE ⠿
CAITLIN DOUGHTY

MÉXICO
MICHOACÁN

Um esqueleto usando chapéu-coco preto e fumando charuto, levado pela avenida Juárez, os braços ossudos balançando loucamente. Com quase cinco metros de altura, ele se projetava acima da multidão efervescente. Atrás dele, homens e mulheres cabriolavam e dançavam vestidos como Calavera Catrina, o icônico esqueleto garboso. Uma nuvem de purpurina foi disparada por um canhão enquanto uma legião de guerreiros astecas fazia piruetas de patins. A plateia de dezenas de milhares gritava e cantava.

Quem viu o filme *007 contra Spectre*, de 2016, vai reconhecer esse espetáculo de flores, esqueletos, demônios e carros alegóricos como o desfile do festival anual *Días de los Muertos*, ou Dias dos Mortos, da Cidade do México. Na cena de abertura do filme, Bond anda pela multidão com máscara de esqueleto e smoking, e entra em um hotel com uma mulher mascarada.

Só que tem um truque aí. O desfile de *Días de los Muertos* não inspirou o filme de James Bond. *O filme de James Bond inspirou o desfile*. O governo do México, com receio de que as pessoas de todo o mundo vissem o filme e esperassem que existisse um desfile que não existia, recrutou 1.200 voluntários e passou um ano recriando o espetáculo de quatro horas.

Para alguns, o desfile era uma comercialização grosseira da festa muito particular e voltada para a família que é a *Días de los Muertos* — os dois dias no começo de novembro em que os mortos supostamente voltam e se entregam aos prazeres dos vivos. Para outros, era a progressão natural a uma festa mais secular e nacionalista, celebrando com ousadia a história do México perante uma plateia mundial.

Quando o desfile acabou, nós percorremos a brilhosa carnificina deixada pelos canhões de purpurina. Minha companheira era Sarah Chavez, diretora da minha organização sem fins lucrativos The Order of the Good Death. Ela apontou para as decorações de *Días de los Muertos* penduradas em toda parte, nas casas e estabelecimentos: *calaveras* e esqueletos coloridos de papel.

"Ah!" Ela se lembrou de uma coisa importante. "Esqueci de dizer, tem *pan de muerto* no Starbucks ao lado do nosso hotel!" *Pan de muerto*, ou pão dos mortos, é um pãozinho com decoração de ossos humanos em relevo e com cobertura de açúcar.

No dia seguinte, nós viajaríamos para oeste, para Michoacán, uma área mais rural onde as famílias celebram há tempos

o *Días de los Muertos*. Mas aqui, na Cidade do México, houve um período no começo do século XX em que a festa perdeu o apreço popular. Nos anos 1950, os mexicanos de áreas urbanas viam a comemoração dos Dias dos Mortos como folclore ultrapassado, praticado por pessoas no limiar da sociedade civilizada.

Em uma virada surpreendente, um dos fatores decisivos para mudar essa percepção foi a migração da festa de Halloween dos norte-americanos para o sul. No começo dos anos 1970, escritores e intelectuais passaram a ver o Halloween como, nas palavras da jornalista María Luisa Mendoza, uma "*fiesta gringa*" com "bruxas em vassouras e usando chapéus pontudos, gatos e abóboras sobre os quais é um prazer ler nos livros de detetives, mas que não têm ligação nenhuma conosco". Mendoza escreveu que seus companheiros mexicanos estavam ignorando as crianças que mendigavam por moedas e limpavam para-brisas de carros para sobreviver, enquanto, nos bairros ricos, "nossa burguesia imita os texanos e permite que seus filhos vão até a casa dos outros com roupas ridículas pedir donativos, os quais eles *vão* ganhar".

Durante essa época, como o antropólogo Claudio Lomnitz escreveu, o festival de Dias dos Mortos "se tornou um indicador generalizado de identidade nacional" que se destacava "em oposição à comemoração americanizada do Halloween". Os que tinham rejeitado o *Días de los Muertos* (ou que moravam em áreas onde ele nunca tinha sido celebrado) passaram a ver a comemoração como algo muito mexicano. Além de o *Días de los Muertos* voltar às grandes cidades — estou olhando para você, desfile do James Bond —, o festival também passou a representar as lutas de muitos grupos políticos com direitos civis cassados. Esses grupos adotaram o *Días de los Muertos* como oportunidade de lamentar os que eram subtraídos do olhar público, incluindo os trabalhadores do sexo, os grupos indígenas e de direitos gays, e os mexicanos que morreram tentando atravessar a fronteira para os EUA. Nos últimos quarenta anos, a festa de *Días de los Muertos* passou a representar a cultura popular, o turismo cultural e a cultura de protesto por todo o México. E o México, propriamente, é visto como líder mundial da prática do luto engajado e público.

"Cresci entre pessoas idosas, mexicanos que sentiam ódio por eles mesmos", explicou Sarah no dia seguinte, quando estávamos sentadas em nosso quarto de hotel em Michoacán. "Tinham aprendido que não tinham nada de que se orgulhar e tudo de que se envergonhar. Precisavam ser incorporados e se ajustar. Ser feliz nos Estados Unidos era ser o mais branco possível."

Os avós de Sarah se mudaram de Monterrey, no México, no começo do século XX, e se instalaram em um bairro no leste de Los Angeles chamado Chavez Ravine. Em 1950, o governo enviou cartas para as 1.800 famílias de Chavez Ravine, a maioria de fazendeiros mexicano-americanos de baixa renda, informando-as que teriam que vender suas casas para abrir espaço para um conjunto habitacional. As famílias desalojadas receberam a promessa de novas escolas e parquinhos, e preferência na aquisição de moradia quando a construção estivesse pronta. Mas, depois de desalojar as famílias e destruir uma comunidade, a cidade de Los Angeles desistiu do planejamento do conjunto habitacional e fez parceria com um empresário nova-iorquino para construir o Dodger Stadium. Os que apoiavam a construção do novo estádio, inclusive Ronald Reagan, chamaram os críticos de "inimigos do beisebol".

Os mexicano-americanos de Chavez Ravine foram levados mais para o leste de Los Angeles, por meio de práticas de moradia discriminatória. Os pais de Sarah chegaram à maioridade nesse ambiente de desalojamento. Eles tiveram Sarah quando os dois tinham 19 anos.

"Até hoje, quando minha avó e minhas tias e tios falam de Chavez Ravine, eles se entristecem. Sentem tanta falta de lá", disse Sarah.

Quando Sarah nasceu, ela não pôde aprender espanhol. Tinha pele mais clara, o que a tornou a neta favorita. A mexicanidade dela ficou confinada ao lar. Durante a infância em Los Angeles, ela vivia entre uma mãe distante, um pai figurinista de Hollywood (que até hoje se identifica não como mexicano, mas como "índio americano") e os avós. Sarah acabou crescendo à vontade e confortável em ser uma americana que por acaso era mexicana, mas não sentia nenhuma ligação tangível com a cultura da família.

Em 2013, depois de dez anos como professora de pré-escola e jardim de infância, Sarah se apaixonou pelo companheiro Ruben,[1] e os dois se sentiram prontos para ter um filho. Ela ficou grávida. Para Sarah, isso representou uma chance "de ser uma família *de verdade*, a *minha* família, uma família *escolhida*, uma coisa que ninguém podia tirar de mim".

Esse sonho não se tornaria realidade. Ela perdeu o bebê aos seis meses de gravidez. Os meses que se seguiram à morte do filho foram uma época de "nada nem ninguém". Sarah

---

[1]   O nome dele foi alterado.

estava afastada dos pais. Sentia-se sozinha. Havia dias em que tinha vontade de ir andar pelo campo de laranjeiras atrás da casa dela e sumir. Em seguida, veio a culpa: Eu levantei alguma coisa pesada do jeito errado? Comi a coisa errada? "O arquétipo da mulher é o da geradora de vida", disse Sarah, "mas meu corpo era uma tumba."

Sarah se sentia radioativa para os amigos e colegas de trabalho. Ela sabia que as pessoas queriam viver em um mundo em que as crianças são preciosas e invulneráveis. "A sociedade me pediu para esconder minha dor", disse ela. "Ninguém queria enfrentar tamanho horror. Eu era o rosto desse horror. Eu era o bicho-papão."

Sarah procurou na internet histórias de outras mães que sofreram a morte de um filho. Encontrou sites feitos por mulheres bem-intencionadas, muitas vezes com um tom muito cristão (por exemplo, "meu anjo assumiu seu lugar nos braços do Senhor"), e histórias que ofereciam mediocridades e eufemismos. Para Sarah, essas histórias não passavam de clichês vazios. Os relatos não capturavam o sofrimento arrasador e o anseio que ela sentia.

Ao procurar consolo, ela foi parar na porta de sua própria herança. "Sarah, você é mexicana. Você vem de uma das culturas mais envolvidas com a morte no mundo", pensou ela. "Como seus ancestrais lidariam com essa tragédia?"

O poeta mexicano Octavio Paz escreveu algumas palavras sobre o caráter mexicano e sobre a morte que se tornaram famosas. Ele disse que, enquanto os cidadãos de cidades ocidentais como Nova York, Paris e Londres "queimariam os lábios" se sequer murmurassem a palavra "morte", "os mexicanos, por outro lado, a frequentam, debocham dela, a acariciam, dormem com ela, refletem sobre ela; é uma das suas brincadeiras favoritas e seu mais antigo amor".

Isso não quer dizer que os mexicanos nunca temeram a morte. O relacionamento deles com a morte se desenvolveu a duras penas; surgiu depois de séculos de brutalidade. "Em vez de se tornar um império orgulhoso e poderoso", explicou Claudio Lomnitz, "o México foi intimidado, invadido, ocupado, mutilado e extorquido por forças estrangeiras e também por oportunistas." No século xx, quando o mundo ocidental chegou ao ápice da repressão e da negação da morte, no México "uma notável familiaridade com a morte se tornou o marco da identidade nacional".

Para Sarah, aceitar a morte do filho não era uma tentativa de apagar seu medo da mortalidade; ela sabia que tal tarefa era impossível. Ela só queria se envolver com a morte, poder falar o nome dela. Como Paz dizia: visite-a, deboche dela, a acaricie.

Muitos filhos e netos de imigrantes, assim como Sarah, se viram distanciados dos rituais culturais de suas famílias. O sistema funerário dos Estados Unidos é notório por criar leis e regulamentações que interferem em práticas funerárias distintas e impõem a assimilação das normas americanizadas.

Em um exemplo particularmente doloroso, muitos muçulmanos gostariam de poder abrir funerárias nos EUA e atender suas comunidades como diretores funerários licenciados. O costume islâmico é de lavar e purificar o corpo imediatamente depois da morte, antes de enterrá-lo o mais rápido possível, idealmente antes de anoitecer. A comunidade muçulmana rejeita o embalsamamento, pois se incomoda com a ideia de cortar o corpo e injetar nele produtos químicos e conservantes. Mas muitos estados têm regulamentações draconianas que exigem que as funerárias ofereçam embalsamamento e que todos os diretores funerários, sem exceção, sejam treinados como embalsamadores, mesmo que o processo de embalsamamento em si nunca vá ser exigido. Os agentes funerários muçulmanos precisam comprometer suas crenças se querem uma oportunidade de ajudar sua comunidade na morte.

A porta de entrada de Sarah para a cultura mexicana foi o trabalho da pintora Frida Kahlo, a *heroína del dolor* do México, a heroína da dor. No quadro de 1932, *Autorretrato na Fronteira entre o México e os Estados Unidos*, uma Frida desafiadora está parada de pernas afastadas sobre uma fronteira imaginária entre o México e Detroit, onde ela estava morando na época com o marido, o muralista Diego Rivera. O lado mexicano é cheio de crânios, ruínas, plantas e flores com raízes grossas enterradas. O lado de Detroit tem fábricas, arranha-céus e fumaça — uma cidade industrial que esconde o ciclo natural da vida e da morte.

Enquanto morava em Detroit, Kahlo ficou grávida. Ela escreveu sobre a gravidez para seu antigo médico, Leo Eloesser, seu dedicado correspondente de 1932 a 1951. Ela tinha medo de a gravidez ser perigosa demais, de seu corpo ter sido danificado pelo acidente de bonde que estraçalhou uma parte da sua pélvis e perfurou seu útero. Kahlo relatou que seu médico em Detroit lhe deu "quinino e um óleo de rícino muito forte para a expurgação". Como os produtos falharam em interromper a gravidez, o médico se recusou a executar um aborto cirúrgico, e Kahlo enfrentou a perspectiva de levar a gravidez de risco até o fim. Ela implorou para que Eloesser escrevesse para o médico de Detroit, "pois como executar um aborto é contra a lei, talvez ele esteja com medo, e mais tarde seria impossível passar por uma cirurgia dessas". Nós não sabemos como Eloesser respondeu ao pedido de Kahlo, mas, dois meses depois, ela sofreu um violento aborto espontâneo.

Em um quadro que criou depois da experiência, *Hospital Henry Ford (A Cama Voadora)*, Frida está deitada nua em uma cama de hospital, os lençóis encharcados de sangue. Objetos flutuam no espaço ao redor, atados à barriga da mulher por cordões umbilicais de fita vermelha: um feto masculino (o filho dela), objetos médicos e símbolos como uma lesma e uma orquídea. A paisagem desoladora, cheia de fábricas, perturba o fundo da imagem. Independentemente de seu desgosto visceral por Detroit e da infelicidade horrível que aconteceu lá, o historiador de arte Victor Zamudio Taylor alega que foi lá que "Kahlo, pela primeira vez, decide conscientemente que vai pintar sobre si, que vai pintar os aspectos mais particulares e dolorosos de sua vida".

Para Sarah, vagando em meio a um mar de banalidades do tipo "Deus tem um plano para você", a franqueza da arte e das cartas de Kahlo serviu como um bálsamo. Em Kahlo ela viu outra mulher mexicana obrigada a lidar com escolhas impossíveis para o filho e o próprio corpo. Kahlo conseguiu projetar essa dor e essa confusão no trabalho, retratando o corpo e a dor sem vergonha alguma.

O filho de Sarah morreu em julho de 2013. Em novembro do mesmo ano, ela e o companheiro, Ruben, que também é mexicano-americano, visitaram o México durante o *Días de los Muertos*. "Nós não fomos 'visitar' a morte. Nós não éramos turistas", disse Sarah. "Nós estávamos vivendo com a morte todos os dias."

No meio dos elaborados altares para os mortos e das imagens bastante disseminadas de caveiras e esqueletos, Sarah encontrou a confrontação e a paz que não tinha encontrado na Califórnia. "Estar no México foi como estar em um lugar para demonstrar minha dor. Ela foi reconhecida. Eu não estava deixando as outras pessoas incomodadas. Eu consegui respirar."

Dentre os lugares que eles visitaram estava Guanajuato, lar de uma famosa coleção de múmias. No final do século XIX, corpos enterrados no cemitério local eram sujeitos a uma cobrança, uma taxa de túmulo, para permanência "perpétua". Se a família não pudesse pagar, os ossos eram removidos mais tarde para abrir espaço para um novo corpo. Durante uma dessas exumações, a cidade ficou chocada ao descobrir que não estavam removendo ossos, mas "carne mumificada em formas e expressões faciais grotescas". Os componentes químicos do solo, junto com a atmosfera em Guanajuato, mumificaram naturalmente os corpos.

A cidade continuou a desenterrar corpos mumificados ao longo de seis décadas, cremando as múmias menos impressionantes e colocando as expressivas em exibição no museu da cidade, El Museo de las Momias.

O escritor Ray Bradbury visitou essas múmias no final dos anos 1970 e escreveu uma história sobre elas, acrescentando que "a experiência me afetou e me apavorou tanto que eu mal podia esperar para ir embora correndo do México. Eu tive pesadelos em que morria e tinha que ficar nos corredores dos mortos com aqueles corpos mumificados expostos".

Como as múmias não eram intencionalmente preservadas pelas mãos de outros humanos, e sim mumificadas naturalmente pelo ambiente, muitas têm a boca escancarada e braços e pescoço torcidos. Depois da morte, o corpo volta a ter uma "flacidez primária" — todos os músculos do corpo relaxam, fazendo o maxilar cair, afrouxando a tensão das pálpebras e dando extrema flexibilidade às juntas. Na morte, os cadáveres não ficam mais inteiros. Eles não precisam mais seguir as regras dos vivos. O horror visual das múmias de Guanajuato não era algo projetado para "apavorar" Bradbury, mas, sim, o resultado do bioprocesso post-mortem normal dos corpos.

As múmias, ainda em exibição, não tiveram o mesmo efeito em Sarah. Ela dobrou uma esquina escura e parou na frente do corpo mumificado de um bebê pequeno, menina, vestido de branco e deitado em veludo. "Ela parecia um anjo com uma auréola de luz ao redor, e juro que naquele momento senti que poderia ficar ali para sempre só olhando para ela."

Outra mulher reparou nas lágrimas

silenciosas de Sarah e foi buscar um lenço de papel, e ficou segurando o braço dela em silêncio.

Outras múmias crianças no museu tinham seus próprios adereços, como cetros e coroas. Eram os *Angelitos*, os Pequenos Anjos. Antes da metade do século xx, no México e em boa parte da América Latina, um bebê ou criança morto era considerado um ser espiritual, quase um santo, com contato direto com Deus. Esses *Angelitos*, livres de pecado, podiam obter favores para as pessoas da família que eles deixaram para trás.

A madrinha preparava o corpo, o lavava e vestia com os trajes de um santo em miniatura, e o cercava de velas e flores. A mãe só via o cadáver depois desse processo e, nesse ponto, o corpo já tinha deixado para trás o peso da dor e tinha sido transformado em um ser angelical pronto para tomar seu lugar ao lado direito de Deus.

Os amigos e familiares eram convidados para a festa, não só para homenagear a criança, mas também para impressioná-la e conquistar seus favores; lembrando que agora ela era portadora de grande poder espiritual.

Às vezes, a criança era até levada de festa em festa, com outras crianças como carregadoras de caixão, os pais e a família em procissão. Era comum que o *Angelito* fosse fotografado ou pintado em um retrato brilhante.

Para Sarah, apesar de ela não ter crença em santos e na vida após a morte, foi o reconhecimento da morte da criança que a emocionou. "Essas crianças foram tratadas como especiais. Uma coisa foi feita só para elas", disse ela. Houve festas e quadros e jogos e, mais do que tudo, tarefas a executar para a criança — tarefas além dos silêncios solitários e intermináveis.

A cada ano, na noite do dia 1º de novembro, a fronteira entre os vivos e os mortos é estreitada e desfiada, permitindo que os espíritos a atravessem. Nas ruas de paralelepípedos de Santa Fe de la Laguna, uma pequena cidade em Michoacán, mulheres idosas iam de uma casa para a outra carregando *pan de muerto* e frutas frescas, visitando os vizinhos que tinham perdido alguém naquele ano.

Eu abaixei a cabeça para passar por uma porta envolta em calêndulas douradas. Logo acima do batente havia uma foto emoldurada de Jorge, que tinha só 26 anos quando morreu. Na foto, ele estava usando um boné com a aba para trás. No fundo havia pôsteres de bandas. "Slipknot? Não sei, não, Jorge", pensei, me perguntando se era errado julgar os mortos pelo gosto musical. "Ah, Misfits! Boa escolha."

Depois da passagem ficava o altar de três andares de Jorge, ou *ofrenda*. Cada item que a família e os amigos levaram para o altar tinha a intenção de atraí-lo para casa naquela noite. Como Jorge tinha morrido naquele ano, a família ergueu o altar em casa. Nos anos futuros, as oferendas seriam levadas para o túmulo de Jorge no cemitério. Ele vai continuar voltando enquanto a família continuar a aparecer, convidando-o a vir para o meio dos vivos.

Na base do altar havia um cálice negro de copal para incenso, o aroma pungente se espalhando no ar. Velas e calêndulas decoravam uma pilha de noventa centímetros de altura de frutas e pães. A pilha só cresceria com o passar da noite e com a visita de mais pessoas da comunidade para fazer suas oferendas. Quando Jorge voltasse, ele não seria um cadáver reanimado, mas um espírito, e consumiria as bananas e pães em seu plano espiritual.

No centro do altar estava a camiseta branca favorita de Jorge, ilustrada com um palhaço triste e "Coringa" escrito em caligrafia. Uma garrafa de Pepsi aguardava seu retorno (e eu entendia o apelo — por mais banal que possa parecer, eu voltaria dos mortos para tomar uma Coca-Cola diet). Mais para cima havia imagens cristãs tradicionais, várias da Virgem Maria e um Jesus crucificado bastante ensanguentado. Pendurados no teto havia esqueletos de papel colorido andando de moto.

Mais de dez pessoas da família de Jorge estavam reunidas em volta da *ofrenda*, se preparando para receber visitantes até tarde da noite. Crianças pequenas corriam com vestidos cintilantes de princesas, os rostos pintados como esqueletos *catrina*. Elas seguravam pequenas abóboras para pegar doces com os adultos.

Sarah foi preparada e levou um saco cheio de doces. O boato se espalhou entre as crianças, e ela foi cercada de pequenas carinhas de *catrina* com suas abóboras, muitas com velas acesas dentro. "*Señorita! Señorita, gracias!*" Sarah se abaixou na altura delas e distribuiu as balas com a disposição calma e amorosa da professora de ensino fundamental que já tinha sido. "Nós fazíamos essas mesmas abóboras com velas dentro para o *Días de los Muertos* na minha sala de aula todos os anos, mas bastava um foguinho que fosse para a administração mandar você parar", disse ela com um sorriso irônico.

Santa Fe de la Laguna é o lar dos Purépecha, um povo indígena conhecido pela singular arquitetura de pirâmides e pelos mosaicos de penas feitos dos estimados beija-flores. Em 1525, com a população debilitada pela varíola e ciente de que os formidáveis astecas já tinham sucumbido aos espanhóis, o líder deles jurou fidelidade à Espanha. Atualmente, as escolas da região têm aulas bilíngues, tanto em purépecha quanto em espanhol.

Muitos dos elementos que dão boas-vindas aos mortos atualmente — a música, o incenso, as flores, a comida — já estavam em uso entre o povo indígena antes da conquista

espanhola no século xvi. Na época da conquista, um frei dominicano escreveu que o povo nativo ficou feliz em adotar as festas católicas de Todos os Santos e Finados porque ofereciam a fachada perfeita para os festivais já existentes em homenagem aos mortos.

Ao longo dos séculos seguintes foram feitas tentativas de erradicar as práticas, que eram, "acima de tudo, horríveis para a ilustre elite, que buscava afastar a morte da vida social". Em 1766, o Royal Office of Crime proibiu a população indígena de se reunir nos cemitérios familiares, afastando-os cruelmente de seus mortos. Mas os costumes, como muitas vezes acontecem, encontraram uma forma de persistir.

Em uma casa de Santa Fe de la Laguna, uma placa em purépecha dizia: "Bem-vindo ao lar, Pai Cornelio". O altar de Cornelio ocupava um aposento inteiro. Depositei minhas oferendas de bananas e laranjas sobre uma pilha crescente, enquanto as matriarcas da família se aproximavam para oferecer tigelas grandes e fumegantes de *pozole*, um prato tradicional, uma espécie de cozido à base de milho e carne, e canecas de *atole*, uma bebida quente de milho, canela e chocolate. Para as famílias, essa noite não é só a simples aceitação das oferendas pelos mortos; é uma troca com a comunidade.

Observando tudo do canto do aposento estava o próprio Pai Cornelio, na forma de uma efígie em tamanho natural. A Efígie Cornelio estava sentada em uma cadeira dobrável, usando um poncho, tênis pretos de cano alto e um chapéu branco de caubói inclinado para a frente, como se tirasse uma soneca da tarde.

No centro do altar havia uma foto de Cornelio em um porta-retratos, na qual ele usava o mesmo chapéu branco de caubói da efígie. Uma cruz de madeira estava posicionada atrás da foto. Icônicas *calaveras* estavam penduradas na cruz, caveiras de açúcar bem coloridas... e *bagels*. "Sarah, é normal pendurar *bagels* no altar?", perguntei.

"É", respondeu ela. "Você vai ver muitos *bagels*."

Depois de visitar várias casas de família e fazer oferendas, perguntei a Sarah qual altar a deixara mais emocionada. "O momento mais feliz não foi nos altares, foi com as crianças." Ela indicou um garoto de 3 ou 4 anos passando com o balde de abóbora, usando uma capa do Super-Homem. "É um sentimento agridoce. Agora, meu filho teria exatamente essa idade." Acanhado, o pequeno Super-Homem esticou o balde pedindo doces.

Nós seguimos viagem para o sul até uma cidade maior, Tzintzuntzan, onde acontece um festival barulhento durante o *Días de los Muertos*. Vendedores de rua preparam carne de porco ou de vaca em frigideiras grandes de metal, música toca em alto-falantes em frente ao comércio local, crianças soltam bombinhas nas ruas. No alto de uma colina suave, na extremidade da cidade, fica o cemitério.

Entrar no cemitério na noite de 1º de novembro foi totalmente revelador. O cemitério cintilava com a luz de dezenas de milhares de velas, uma coisa que as famílias planejam e para a qual economizam o ano todo para oferecer a seus mortos que estão retornando. Um garotinho trabalhava com dedicação no túmulo da avó, reacendendo ou substituindo qualquer uma das centenas de velas que se apagaram. O brilho das velas se misturava com o cheiro das calêndulas e do incenso, criando uma névoa dourada que pairava entre os túmulos.

Nos anos recentes, muitas cidades dos Estados Unidos começaram a promover eventos para o *Días de los Muertos*, inclusive uma grande comemoração no Hollywood Forever Cemetery. O Hollywood Forever fica a poucos minutos da minha agência funerária em Los Angeles, e estive lá várias vezes. Sou testemunha de que a comemoração do Hollywood é impressionante em escala e execução, mas em sentimento e emoção fica quilômetros atrás de Tzintzuntzan. Dentro dos muros desse cemitério, a sensação era de segurança, como estar no centro de um coração que bate iluminado.

Havia cestas sobre as plataformas de cimento dos túmulos, para que os mortos que voltassem tivessem onde carregar suas oferendas na hora de irem embora. Pequenas fogueiras ardiam, mantendo aquecidas as famílias ali reunidas. Uma banda, composta de trombones, trompetes, tambores e uma tuba enorme, andava de túmulo em túmulo, tocando canções que pareciam, ao meu ouvido destreinado, misturas de *rancheras* de *mariachi* e hinos de faculdade.

Sarah parou no túmulo de Marco Antonio Barriga, que morreu com apenas um ano de idade. Uma foto de Marco mostrava uma pomba voando acima dele. Seu túmulo era uma fortaleza com dois metros de altura, refletindo o tamanho da dor dos pais. Marco morreu vinte anos antes, mas seu túmulo ainda estava coberto de velas e flores, prova de que a dor de perder um filho não passa jamais.

Antes de ir ao México, eu sabia que o filho de Sarah tinha morrido. Mas não conhecia as circunstâncias. Quando estávamos sozinhas em nosso quarto de hotel, ela revelou a verdade arrasadora.

No primeiro ultrassom de Sarah, a técnica faladeira colocou o transdutor na barriga de Sarah e ficou em silêncio de repente. "Vou chamar o médico", anunciou ela.

No segundo ultrassom, a especialista foi absurdamente grosseira. "Estou vendo um pé torto aqui", narrou ela, "e essa mão tem três dedos. A outra tem quatro. O desenvolvimento do coração não está bom. Ah, olha só! Ele tem dois olhos! A maioria não tem." E, por fim, o chute final na barriga: "Só não acho que essa gravidez seja viável".

O bebê de Sarah tinha Síndrome de Patau, uma condição cromossômica rara que provoca anormalidades intelectuais e físicas. A maioria dos bebês que nascem com essa condição não vive mais do que alguns dias.

Um terceiro médico disse para Sarah: "Se você fosse minha esposa, eu diria para você não levar essa gravidez adiante".

Um quarto médico ofereceu duas escolhas horríveis. A primeira foi induzir o trabalho de parto no hospital. O bebê viveria muito pouco tempo fora do útero e morreria. O segundo era interromper a gravidez. "Eu conheço uma pessoa em Los Angeles que pode fazer isso para você", disse o médico. "Ela não costuma executar o procedimento em gravidez tão avançada, mas eu posso ligar para ela em seu nome."

Naquele momento, Sarah já estava com quase seis meses de gravidez. Ela marcou a consulta. Tentou se distanciar do bebê para se preparar para o que estava a caminho, mas ele estava chutando dentro dela. Ela não queria que o tirassem. "Ele não era uma coisa estranha dentro de mim; era meu filho."

Interromper a gravidez em um estágio tão avançado exigiu três consultas ao longo de três dias. Uma fila de manifestantes bloqueou o caminho de Sarah e Ruben para entrarem na clínica. "Uma mulher particularmente horrível gritou sem parar que eu era uma assassina. Eu não aguentei, então andei diretamente até ela e gritei na cara dela: 'Meu bebê já está morto! Como você ousa!'."

Eles esperaram uma hora na clínica, ouvindo os gritos distantes dos manifestantes lá fora. "Ei, moça do bebê morto! Escuta, nós ainda podemos salvar você!"

Foram os três piores dias da vida de Sarah e Ruben. Um último ultrassom era necessário. Sarah afastou o olhar do monitor, mas Ruben viu o bebê mexendo a mão, como se estivesse dando adeus.

Em outra sala, Sarah ouviu os soluços arrasados de uma garota que tentou pôr fim à vida porque estava grávida. "Eu não quero! Eu não quero!", gritava a garota.

"Eu queria consolá-la e dizer que ficaria com o bebê dela", pensou Sarah, "mas não era isso que eu queria de verdade. Eu queria *este* bebê, o meu bebê."

No último dia do procedimento, a equipe toda entrou e ficou em volta da mesa de cirurgia; eles disseram a Sarah como lamentavam que aquilo tinha acontecido e que prometiam cuidar bem dela. "Foi lá que as pessoas me trataram com mais gentileza", disse Sarah, "no lugar que foi, para mim, um lugar de morte."

Mais de três anos depois, o peso da morte do filho é como uma âncora constante no corpo de Sarah. No cemitério de Tzintzuntzan, enquanto Sarah olhava a foto do bebê Marco, Ruben massageava com carinho as costas dela. Ela rompeu o silêncio. "Os pais só querem exibir seus bebês. Eles sentem tanto orgulho. Se seu bebê morre, essa oportunidade é tirada. Essa é a chance deles de mostrarem que ainda amam o filho, que ainda sentem orgulho dele."

Em vez de orgulho, Sarah sentiu o oposto quando o filho morreu. Ela sentiu pressão para manter a "dignidade" e para passar pelo luto em silêncio, para que seu trauma visceral não deprimisse mais ninguém.

As funerárias ocidentais amam a palavra "dignidade". A maior corporação funerária americana até patenteou a palavra. O que dignidade quer dizer na maioria das vezes é silêncio, uma postura forçada, uma formalidade rígida. Os velórios duram exatamente duas horas. Uma procissão segue para o cemitério. A família vai embora antes mesmo de o caixão ser baixado na cova.

No cemitério nós encontramos, em um túmulo atrás do outro, memoriais de crianças pequenas, inclusive Adriel Teras de la Cruz. Ele nasceu naquela que seria a data provável do parto de Sarah e só viveu pouco mais de uma semana. Os pais dele estavam junto ao túmulo. Havia uma garotinha deitada sobre o peito da mãe, e um garotinho estava deitado embaixo de um cobertor ao lado do túmulo, dormindo profundamente.

Adotar ou adaptar os costumes do *Días de los Muertos*, argumenta Claudio Lomnitz, poderia acabar poupando as vidas emocionais dos vizinhos ao norte do México. Ele escreve que os mexicanos "têm poderes de cura, e de curar o que com certeza é a doença mais dolorosamente crônica dos Estados Unidos: a negação da morte... e o abandono dos enlutados a uma espécie de confinamento solitário".

No nosso último dia no México, nós voltamos à Cidade do México e visitamos a casa de Frida Kahlo, a famosa Casa Azul. Foi naquela casa que Kahlo nasceu, e onde morreu aos 47 anos. "Por mais estranho e excêntrico que isso pareça, vir aqui é quase um ato de gratidão", explicou Sarah. "Frida me ajudou. La Casa Azul é uma peregrinação."

"Acho que a maioria das mães tem ao menos algum medo de ser aprisionada pelo nascimento de um filho", refletiu Sarah. "Estou sempre ciente de todas as coisas que posso fazer, de todos os lugares para onde posso viajar, das peregrinações que posso fazer porque não tenho um filho pequeno. Estou ciente de todo o tempo que tenho. Isso o torna mais valioso, porque eu paguei um preço terrível para ter esse tempo."

Em La Casa Azul estava exposto o quadro de Kahlo chamado *Frida e a Cesárea*, um trabalho inacabado que exibe Frida com a barriga aberta, deitada ao lado de um bebê a termo. Sarah ofegou quando viu a pintura. "É meu primeiro encontro em pessoa com uma dessas peças. É como fazer amizade com uma pessoa on-line e depois conhecê-la pessoalmente, na vida real. É emocionante."

Os verdadeiros sentimentos de Frida Kahlo sobre ter filhos podem nunca ficar totalmente claros. Alguns biógrafos querem tanto proteger sua imagem santificada que renomearam os abortos médicos dela como arrasadores "abortos espontâneos" de uma mãe ansiosa. Outros biógrafos insistem que Kahlo não se interessava por crianças e que a "saúde fraca" dela era só uma desculpa para fugir da expectativa cultural de formar uma família.

No andar de cima, no pequeno quarto de Kahlo, havia uma urna pré-colombiana contendo suas cinzas. Na cama de solteiro estava a máscara mortuária de Frida, um lembrete sinistro de que a artista sangrou e morreu naquele mesmo quarto. Acima da cama, Frida tinha pendurado um quadro: um bebê morto, embrulhado em branco, usando uma coroa de flores, deitado em uma almofada de cetim: um *Angelito*.

PARA TODA A ETERNIDADE
CAITLIN DOUGHTY

CAROLINA DO NORTE
CULLOWHEE

A baleia-cinzenta é uma criatura impressionante — tem quinze metros de comprimento, pesa mais de 36 toneladas e os impressionantes lobos de sua cauda alcançam três metros. A vinte quilômetros da costa da Califórnia, ela aparece e expira um jorro final e enfraquecido. Depois de 65 anos, a morte chegou para o enorme animal, e ela fica inerte na superfície.

Algumas baleias começam a afundar imediatamente, mas essa baleia em particular vai ficar flutuando. Dentro da carcaça, tecidos e proteínas estão se desfazendo, órgãos se liquefazem e gases são formados — estão enchendo a casca feita de gordura, transformando a baleia num balão macabro. Se ela fosse perfurada em um único ponto, a força dos gases pressurizados lançaria suas entranhas gosmentas a vários metros do corpo. Mas a pele dessa baleia aguenta firme. Os gases saem lentamente; nosso antigo cetáceo murcha e começa seu afundamento gradual até o fundo do mar. Ela desce e desce, viaja por mais de um quilômetro e meio, até que finalmente encontra o fundo macio.

Lá embaixo, na zona batial (ou da meia-noite) do oceano, é frio e completamente escuro — a luz do sol não chega àquelas profundezas. Nossa baleia não foi até lá para "descansar em paz" e ficar deitada no fundo do mar, na escuridão fria e imperturbável. Os restos dela vão se tornar o local de um grande banquete que vai durar décadas. Esse processo, conhecido na comunidade de cientistas que estudam o oceano como decomposição de baleia, cria todo um ecossistema em volta da carcaça — como um restaurante móvel para as criaturas alienígenas das profundezas primordiais.

Os catadores de lixo móveis sentem o cheiro da baleia e chegam primeiro ao banquete. São os habitantes principais e extraordinários das profundezas: tubarões-dorminhocos, peixes-bruxas (um nome injusto — estão mais para enguias que produzem gosma do que para bruxas), caranguejos e quimeras. Eles começam a arrancar a carne em decomposição e consomem até sessenta quilos por dia.

Quando o volume de material orgânico é removido, a área em volta da carcaça torna-se um agitado centro de vida em um leito oceânico estéril. Moluscos e crustáceos se alojam. Uma penugem densa e vermelha de vermes marinhos cresce nos ossos da baleia, 45 mil por metro quadrado. O nome científico desses vermes, *Osedax*, quer dizer "devorador de ossos". Fiéis à designação, essas criaturas sem olhos e sem boca penetram nos ossos e extraem óleos e gorduras de dentro. Recentemente, cientistas descobriram que as bactérias amantes de enxofre presentes em uma queda de baleia são semelhantes às encontradas nas fontes hidrotermais do fundo do mar.

O local da queda da baleia vira uma versão de "Seja Nossa Convidada", do filme *A Bela e a Fera*, mas com décadas de duração, uma festa debochada e alegre em que criaturas vão devorando "um prato de cada vez". A baleia é o epítome de uma benfeitora pós-morte, parte de um arranjo tanto bonito quanto sensato — um animal morrendo e doando o corpo para o benefício dos outros. "Experimente a sobremesa, está deliciosa", a carcaça parece dizer. A baleia, em resumo, é um valioso necrocidadão.

Na verdade, a ciência ainda não determinou o que as baleias *acham* da situação. Se tivessem oportunidade, será que elas prefeririam pular o processo da queda e ter suas carcaças trancadas em fortalezas impenetráveis de recifes de coral em algum lugar? Um seguro santuário post-mortem, talvez, mas também um local que impedisse que os outros animais se beneficiassem dos nutrientes vitais que não são mais úteis para a baleia falecida?

Baleias passam a vida toda sustentando o ambiente que as cerca. Sua dieta é de peixes e krill, e durante anos os humanos supuseram que *menos* baleias = *mais* peixes e krill para nós. Essa equação justificava a matança promovida pela indústria baleeira, de quase 3 milhões de baleias só no século xx.

No fim das contas, menos baleias não quer dizer mais peixes. As baleias mergulham nas profundezas escuras do oceano para se alimentar. Precisam voltar para a superfície para respirar, e enquanto estão lá, elas soltam plumas fecais robustas. (Observação: cocô, elas estão fazendo cocô.) O cocô de baleia é cheio de ferro e nitrogênio, que escorre e vai fertilizar o plâncton, do qual — você adivinhou — os peixes e krill dependem para sobreviver e se desenvolver. Baleias são uma parte crucial desse ciclo durante a vida, e na morte não é diferente.

Instintivamente, você pode sentir a mesma vontade de contribuir depois da sua morte. De que outra forma explicar a popularidade crescente das frases: "Quando eu morrer, não quero nada de mais. Só cavem um buraco e me coloquem dentro"?

Um pedido sensato, realmente. Devolver seu corpo para a natureza pode parecer a opção mais barata e mais "ecológica" para a sua morte. Afinal, as plantas e animais que consumimos durante a vida são criados e alimentados pelo solo.

Meio hectare de terra pode conter mil quilogramas de fungos, setecentos quilos de bactérias, quatrocentos quilos de minhocas, quatrocentos quilos de artrópodes e algas, e

sessenta quilos de protozoários. A terra vibra com tanta vida, assim como um cadáver (dentro do envoltório de queratina, ou pele morta). A bruxaria microscópica acontece quando um corpo é colocado a pouco mais de um metro abaixo da superfície. Ali, os trilhões de bactérias que vivem dentro de você vão liquefazer suas entranhas. Quando a pressão acumulada rompe a proteção da pele, uma reunião orgiástica acontece, na qual nossos corpos se mesclam com a terra.

Nós devemos nossas vidas à terra e, como William Bryant Logan disse, "os corpos que devolvemos não são pagamento suficiente". Se bem que, presumivelmente, são um começo.

"Como você descreveria o que estamos fazendo aqui, Katrina?"

Ela pensou por um momento antes de responder. "Estamos preparando os experimentos."

"Quais são os experimentos?"

"Espere, não vamos chamar de 'experimentos', faz com que eu pareça uma cientista maluca."

"Que palavra é melhor do que experimentos?"

"Estamos aqui preparando *os túmulos*. Não, é mórbido do mesmo jeito. Droga."

Eu esperei.

"Vamos dizer apenas que estamos ajustando a receita do monte", decidiu ela, parcialmente satisfeita.

É preciso tomar cuidado com a linguagem quando se é Katrina Spade, a pessoa que lidera a tarefa, como o *New York Times* diz, de "transformar cadáveres em compostagem". É um argumento de venda delicado, uma proposta que esbarra na fronteira entre a inovação ecológica da morte e um esquema louco de charlatão no melhor estilo do filme *No Mundo de 2020*.

Katrina e eu dirigimos pelas estradas sinuosas do sul dos Apalaches, pelas montanhas Blue Ridge, que ficam na fronteira entre o Tennessee e a Carolina do Norte. Aqui, como no resto dos Estados Unidos, a indústria funerária moderna se infiltrou e assumiu os rituais e a logística dos cuidados pós-morte. Mas, por causa do isolamento, da religião e da pobreza da área, a morbidez da morte industrializada demorou mais ali do que em quase todos os outros lugares do país.

Finalmente, entramos em uma estrada isolada e paramos em frente a um portão. A dra. Cheryl Johnston — dra. J, como os alunos a chamavam — já estava lá, junto com um pequeno grupo de voluntários da graduação. A dra. J cuida da Estação de Pesquisa de Osteologia Forense [Forensic Osteology Research Station, FOREST], na Western Carolina University. Você talvez tenha ouvido falar desse tipo de instituição, descrito como "fazenda de ossos", onde os cadáveres doados para a ciência são deixados para decomposição para estudo forense e treinamento de agentes da lei. Mas, como a dra. J observa rapidamente, "fazenda de corpos" é um termo inadequado: "Uma fazenda produz comida. Nós não *produzimos* corpos. Considerando nosso produto final, acho que poderíamos chamar de fazenda de esqueletos, não?".

Eu estava olhando meio de lado para umas lonas prateadas, que cobriam o que pareciam ser montes tumulares. "Colocam os corpos doados ali? Onde estacionamos os carros?", eu me perguntei. Eu já tinha visto muita gente morta na vida, mas nenhuma delas pareceu ameaçadora, todas deitadas em estéreis mesas brancas e macas. É inquietante quando um corpo está em um lugar onde não "deveria" estar, é como ver seu professor de química no supermercado.

"Não", disse a dra. J depois das apresentações. "Aqueles não são humanos. São ursos-negros. Mortos por atropelamento. O Departamento de Recursos Naturais traz de quinze a vinte por ano. O pelo deles é tão negro que é fácil atingi-los de carro à noite."

Os enterros dos ursos serviam de treino para os estudantes. Depois que um urso se decompõe até os ossos, os alunos montam uma grade sistemática e recolhem os ossos para levar para exame no laboratório. Processar um urso com sucesso permite que o aluno trabalhe nos seres humanos, localizados não no estacionamento (eu fiquei feliz em descobrir), mas em um cercado de dezoito por dezoito metros no alto da colina, cercado de arame farpado para manter longe os curiosos, o que inclui coiotes, ursos e universitários bêbados.

O grupo subiu a colina até o portão do cercado, fechado com cadeado, que foi aberto pela dra. Johnston. Quando entrei, não fui atingida por um cheiro pungente e nem por uma sensação sinistra de morte. Na verdade, aquele cercadinho de cadáveres nas montanhas da Carolina do Norte era muito pitoresco, com pontinhos de luz do sol penetrando pelas árvores e atingindo a vegetação voluptuosa. No momento, abrigava os restos das quinze almas que foram descansar no local — três corpos enterrados e doze expostos sobre a terra.

Os ossos de um esqueleto feminino de pijama roxo de bolinhas tinham se espalhado por causa da força da enxurrada trazida pelas tempestades de primavera. O crânio dela tinha ido parar perto do fêmur. Alguns metros à esquerda, um homem, morto mais recentemente, estava com

o maxilar bem aberto, pendurado por uma camada fina de pele que segurava sua mandíbula no lugar. Se você se ajoelhasse ao lado dele, poderia ver os pelos faciais castanho-claros aparecendo.

Katrina apontou colina acima, para um esqueleto espalhado. "Quando vim aqui alguns meses atrás, aquele cara ainda tinha bigode e uma pele azulada marmorizada linda. Mas o cheiro não estava muito bom." Ao se dar conta de que ele estava deitado ali do lado, ela pediu desculpas. "Me desculpe, mas é verdade."

A ideia de fazer compostagem dos mortos ocorreu a Katrina quando ela estava fazendo seu mestrado em arquitetura. Enquanto outros alunos imitavam o trabalho de Rem Koolhaas e Frank Gehry, Katrina estava elaborando um "local de descanso para os mortos urbanos". Ela via seus futuros clientes como os residentes falecidos da metrópole moderna, confortáveis com uma vida na selva de concreto, mas que na morte desejavam voltar ao mundo natural, onde "a carne se torna o solo".

Mas por que tentar fazer compostagem se o jeito óbvio de se dirigir ao desejo primitivo de fazer a "carne se tornar o solo" seria abrir mais cemitérios naturais, onde os corpos pudessem ir direto para um buraco na terra — sem serem embalsamados, sem caixões, sem urnas pesadas de concreto? Katrina responde, de forma precisa, que cidades superpopulosas dificilmente designariam amplas áreas de terra valiosa e desenvolvível para os mortos. Assim, ela pretende revolucionar não o mercado dos enterros, mas o das cremações.

O resultado da tese de Katrina foi o Urban Death Project, uma planta arquitetônica de centros de compostagem de corpos em áreas urbanas. Os centros seriam escaláveis no mundo todo, de Pequim a Amsterdã. Os familiares e amigos levariam o falecido por uma rampa construída em volta de um núcleo central feito de concreto liso e quente, com dois andares e meio de altura. No alto, o corpo seria colocado em uma mistura rica em carbono que, em quatro a seis semanas, reduziria o corpo (com os ossos e tudo) a terra.

A reação de compostagem ocorre quando se mistura coisas abundantes em nitrogênio (pense em restos de comida, grama cortada ou... um cadáver humano) com uma pilha de material abundante em carbono (pense em lascas de madeira ou serragem). Acrescentar um toque de umidade e oxigênio faz os micróbios e as bactérias dentro dessa pilha começarem a quebrar os tecidos orgânicos e a soltar calor. Isso faz a coisa toda cozinhar. A temperatura dentro da pilha de compostagem pode chegar a quase setenta graus, quente o suficiente para matar a maioria dos patógenos. Com o equilíbrio certo entre carbono e nitrogênio, as moléculas vão se unir, criando um solo incrivelmente fértil.

"Durante essas quatro a seis semanas em que você está no núcleo, você deixa de ser humano", explicou Katrina. "As moléculas se transformam em outras moléculas. Você se transforma." Essa transformação de moléculas foi o que inspirou o nome que ela deu ao processo: recomposição (pois "compostagem de cadáveres" é um pouco forte demais para o público em geral). No final da recomposição, a família consegue recolher a terra para colocar no jardim, e uma mãe que amava jardinagem pode acabar permitindo o crescimento de vida nova.

Katrina tinha 99% de confiança de que poderíamos fazer a recomposição de um humano, e tinha uma seleção impressionante de cientistas do solo no grupo de orientadores que achavam que a confiança dela devia ser de 100%. Afinal, a compostagem de gado era feita havia anos. Os processos químicos e biológicos que decompõem um boi de quinhentos quilos deviam funcionar da mesma forma em um insignificante humano de oitenta quilos. Mas ela precisava de provas experimentais em restos humanos na vida real (bem, na morte real).

Foi aí que entraram a dra. Johnston e o FOREST. A dra. J ficou intrigada com a ideia de Katrina de estudar compostagem humana, mas não planejava experimentos imediatos. Contudo, num acaso do destino, herdou uma pequena pilha de lascas de madeira do programa de reciclagem do campus. Logo depois, recebeu uma ligação comunicando que um novo corpo doado estava a caminho do local. Assim, mandou uma mensagem para Katrina: "Tenho um corpo. Quer tentar?".

Em fevereiro de 2015, aquele primeiro corpo de doador, uma mulher de 78 anos (vamos chamá-la de June Compost), foi colocada em uma cama de puras lascas de madeira ao pé da colina, no FOREST. Um mês depois, o corpo de um segundo doador, um homem maior (vamos chamá-lo de John Compost), foi colocado no topo da colina, em uma mistura de alfafa e lascas de madeira com uma lona prateada cobrindo o monte. Os experimentos não eram muito sofisticados. A única pergunta que esses dois corpos de doadores responderiam era: "Eles vão se transformar em compostagem?".

No FOREST hoje havia um corpo novinho de doador com que se preocupar, marcado para chegar no local em uma hora. O nome dele era Frank, um homem na casa dos 60 anos, vítima de ataque cardíaco no começo da semana. Antes da morte, Frank escolheu doar o corpo para a instituição de decomposição humana.

"A família de Frank sabe sobre a compostagem?", perguntei à dra. Johnston.

"Eu conversei com o irmão dele, Bobby, várias vezes", explicou a dra. J. "Deixei bem claro: 'Você pode dizer não para isso, e Frank vai ser usado para estudos forenses tradicionais se você disser'. Mas a família insistiu que era isso que Frank ia querer. Para ser sincera, quando alguém aceita doar o corpo para um local como este, a pessoa já está topando qualquer coisa."

Para nos preparar para a chegada de Frank, nós começamos a levar uma pilha enorme de lascas de pinheiro e bordo para o alto da colina em enormes baldes de pintor. O esforço físico não desanimou Katrina, que era alta e magra, com o cabelo cortado curto. Mesmo com 30 e tantos anos, ela me lembrava uma jogadora de futebol popular do ensino médio, e praticamente corria colina acima com os baldes.

Um dos universitários, um jovem louro e corpulento, conseguia levar quatro baldes de cada vez, dois em cada mão.

"Você estuda aqui?", perguntei.

"Sim, senhora, estudo. Sou formando em antropologia forense", disse ele. Para me autopreservar considerei o "senhora" como um hábito sulista, e não um sinal da minha idade avançada.

Carregar lascas de madeira no sol da Carolina do Norte (e eu gostaria de acrescentar que fiz esforços valorosos) era muito parecido com trabalho braçal e não me deu a mesma sensação de funerária zen como ao recolher as cinzas depois da cremação.

Às onze da manhã, nós já tínhamos criado uma base de sessenta centímetros de lascas de madeira no alto da colina, dentro do cercado. Só faltava nossa vítima voluntária, nosso amigo Frank. Como se tivesse sido combinado, naquele momento uma van azul-marinho entrou no estacionamento. Dois homens foram até o prédio usando calças cáqui bem-passadas e camisas polo idênticas com o logo da Crowe Funeral Home. Eram uma equipe funerária de pai e filho, o Crowe pai com cabelo branco, o Crowe filho com cabelo louro.

Os Crowe nunca tinham ido ao FOREST, e a dra. Johnston começou com um tour. Vi os rostos deles franzidos em confusão, calculando exatamente como eles iam levar o corpo do doador Frank por vários aclives e pela vegetação. O Crowe pai deu a notícia à dra. J: "Ele é um sujeito meio grande".

As pessoas morrem em lugares inconvenientes o tempo todo (poltronas, banheiras, barracões de quintal, no alto de escadarias perigosas). Mas os agentes funerários normalmente removem os corpos *desses* lugares, não os colocam *nesses* lugares. O trabalho funerário se orgulha de tirar um corpo do caos e levar para a ordem, e não o contrário.

Eu perguntei ao Crowe pai se essa era uma das remoções mais estranhas que ele havia feito ultimamente.

Ele olhou para trás e, com um tom seco, me premiou com um "É". Só isso.

Cálculos foram feitos para encontrar uma rota que oferecesse firmeza sem perturbar os outros residentes do FOREST. Em sua viagem confusa até a redução a esqueleto, os corpos dos doadores são perturbados pela água da chuva e por pequenas criaturas. No FOREST, era fácil demais pisar acidentalmente na tíbia fujona de alguém se não tomássemos cuidado.

Os dois Crowe empurraram uma maca até a porta de entrada, com o saco azul do hospital contendo o corpo em cima dela. A cor vibrante se destacava em relação aos verdes e marrons-escuros do verão da Carolina do Norte. A etiqueta presa ao saco dizia "Western Carolina University

— Urban Death Project". Katrina virou a etiqueta para dar uma olhada. Sua boca se curvou em um pequeno sorriso. Ela me disse depois que sentiu uma pontada de legitimidade ao ver o nome impresso.

O Crowe pai conversou com a dra. Johnston. Para a minha surpresa, as perguntas dele não foram na linha de "O que vocês malucos estão mesmo fazendo aqui?", e estavam mais para "Vocês estão usando a alfafa para liberar o nitrogênio mais rápido?". O Crowe pai fazia compostagem e conhecia bem os detalhes técnicos do processo. Em uma indústria funerária corporatizada, onde ouvi um enterro natural sendo descrito como "um mito hippie que os *nossos* clientes nunca iam querer", foi uma alegria ver um diretor funerário mais tradicional se apresentar como um aliado inesperado a uma ideia um tanto radical.

Infelizmente, para Katrina, conquistar a indústria funerária não vai ser seu único desafio. Mike Adams, um popular blogueiro (e também um ativista antivacina, defensor de que o governo está envolvido no 11 de Setembro, e descrente quanto ao tiroteio da escola Sandy Hook), escreveu sobre Katrina em um artigo compartilhado quase 11 mil vezes no Facebook. Adams descreveu o projeto de recomposição como motivado unicamente pelo cultivo de comida para a população urbana. Como a nova ordem mundial precisaria de um fluxo regular de compostagem humana para manter as pessoas alimentadas, isso acabaria levando à "eutanásia forçada dos idosos, para que seus corpos pudessem ser jogados na composteira". Adams alegou que o projeto seria "usado pelo governo para camuflar assassinato em massa como ecologia".

Conhecendo Katrina, uma ecoentusiasta que mora em Seattle com a companheira e dois filhos, a ideia de ela ser a mente maligna por trás de assassinato em massa parece absurda. Mas a questão das relações públicas continua válida: para cada pessoa que acredita que faz parte do destino seu corpo nutrir a terra, há uma pessoa que pensa que o plano de Katrina representa a sociedade no auge de sua imoralidade e depravação.

Em pouco tempo, o esforço para levar Frank colina acima começou. Foi um trabalho de equipe, com um longo debate sobre se o levaríamos com os pés ou com a cabeça virada para a frente. Em determinado momento, eu desviei o olhar e vi um crânio olhando de seu lugar no alto da colina, observando o absurdo dos vivos abaixo.

Quando Frank finalmente chegou no topo da colina (com a cabeça virada para a frente), o saco azul foi colocado sobre a cama de lascas de madeira e aberto para revelar um homem alto e corpulento, nu, exceto por uma cueca e meias. Nós rolamos Frank para o lado direito e removemos o saco com delicadeza, para que ficasse só o homem sobre as lascas de madeira, uma decisão sem volta.

Frank tinha um cavanhaque branco e cabelo até os ombros, e o braço esquerdo estava dobrado de forma quase elegante atrás da cabeça, no estilo "me desenhe como uma das suas garotas francesas". Tatuagens cobriam seu tronco e seus braços: um feiticeiro, serpentes, símbolos religiosos, um T-Rex galopando no peito. A tinta acrescentava explosões de cor ao chão da floresta.

Os universitários desceram a colina para buscar mais mistura de alfafa, e fiquei sozinha com Katrina pela primeira vez em toda a manhã.

Ela olhou para Frank, os olhos úmidos. "Este homem, ele está aqui de propósito. Sabe? Ele *queria* estar aqui."

Ela fez uma pausa e respirou fundo antes de continuar. "Estou tomada de gratidão."

Katrina pegou um punhado de alfafa verde e lascas de madeira e colocou a mistura sobre o rosto de Frank, a primeira parte do corpo a ser coberta.

Eu me juntei a ela, e nós duas colocamos a mistura cobrindo seu pescoço e em volta dos braços, quase o aconchegando. "Estamos fazendo um ninho para ele! Parece confortável", disse Katrina.

Ela parou e repreendeu a si mesma. "A dra. J não ia querer que nós fôssemos sentimentais assim com os corpos. Chega, Katrina."

Eu não tinha tanta certeza. Mais cedo, a dra. Johnston tinha me contado uma história sobre um homem na casa dos 80 anos que doou o corpo ao FOREST. Depois que ele morreu, sua esposa e filha trouxeram o corpo até o local com a picape da família. Elas até puderam escolher um lugar para ele na vegetação. Apenas seis meses depois, a esposa dele morreu. Ela pediu que o corpo fosse colocado na área ao lado do marido. O pedido foi honrado, e o casal se decompôs na terra lado a lado, juntos, como passaram a vida. Quem disse que ninguém pode ser sentimental?

A dra. J não tinha atitude de quem se desculpa. "Eu gosto de chamar os doadores de 'Sr. Fulano' ou 'Sra. Fulana'. Chamem-nos pelos verdadeiros nomes. Não vejo motivo para não fazer isso. Ainda são eles. Outras instituições discordam de mim e dizem que isso é deixar de manter uma distância profissional. Eu discordo. Humaniza os corpos. Eu conheci algumas dessas pessoas antes de morrerem. Eu as conheço. São pessoas."

A abordagem da dra. J é parte de uma nova onda nas práticas de doação científica, em que um corpo de doador é considerado uma pessoa, não um cadáver anônimo. Ernest Talarico Jr. é o diretor médico assistente na Indiana University School of Medicine — Northwest. Corpos são doados à sua escola de medicina para serem dissecados por jovens estudantes em laboratórios de anatomia. Quando Talarico começou o programa, ele percebeu que não ficava à vontade com a mentalidade de que os corpos dos doadores eram pedaços de carne anônimos, aos quais eles se referiam apenas por números ou apelidos.

Talarico preparou um memorial, que acontece todos os anos em janeiro, para os seis corpos doados ao programa.

Quem vai são os alunos do primeiro ano de medicina e, surpreendentemente, as famílias dos doadores. Rita Borrelli, que doou o corpo do marido à Indiana University, ficou chocada por receber uma carta dos alunos dizendo que queriam mais informações sobre a vida dele. "Eles até queriam fotos. Eu chorei tanto que mal consegui terminar de ler a carta."

A participação da família é opcional, mas permite que os alunos enfrentem uma tarefa quase impossível para um médico moderno — uma conversa honesta sobre a morte com a família. Os alunos até chamam o corpo do doador de "primeiro paciente". Em um perfil do programa feito pelo *Wall Street Journal*, a estudante de medicina de primeiro ano Rania Kaoukis explicou que "teria sido mais fácil pensar no corpo como um número. Mas não é isso que forma bons médicos".

Com o advento dessa visão esclarecida, perguntei à dra. J se ela doaria o próprio corpo para o FOREST quando deixasse a vida mortal para trás. A resposta foi sim, em princípio. Mas ela se preocupava com seus alunos. Conhecer a história pessoal do doador e chamar o corpo de sra. Fulana era uma coisa. Ver sua professora se decompor com seus próprios olhos era outra. Mas a verdadeira barreira para a dra. J era sua mãe. Ela era totalmente contra a ideia da instituição de decomposição, sendo de uma geração em que um funeral decente significava um velório em uma igreja. Ela não doaria o corpo se a mãe estivesse viva e não estivesse à vontade com a ideia.

Mas, recentemente, a mãe da dra. J, ao refletir sobre o que gostaria que fosse feito com o próprio corpo, anunciou: "Não entendo por que temos que passar por toda essa lenga-lenga de cremação ou enterro. Nós não podemos simplesmente ser levados para a floresta para nos decompormos naturalmente?".

"Mãe?", respondeu a dra. J.

"Sim, querida?"

"Você sabe que é isso que eu faço, né? É o que o FOREST faz. É um lugar onde o corpo se decompõe na floresta."

A pilha de lascas de madeira de Frank agora chegava a um metro de altura. Parecia um monte tumular viking. O universitário louro prendeu uma cerca de arame em volta da parte de baixo do monte para impedir que a mistura (ou, imaginem só, Frank) escapasse e rolasse colina abaixo. Era uma situação bem distante de como acabaria sendo o processo de recomposição em um ambiente urbano, mas, com as aves e cigarras cantarolando e o sol atravessando as árvores, eu só conseguia pensar que aquele seria o lugar perfeito para se apodrecer.

O grupo de voluntários, coberto de suor e serragem, entrou novamente no cercado de corpos. Desta vez, eles estavam jogando água transportada em caixas de areia de gato recicladas. Quarenta e cinco litros foram derramados no monte para criar a umidade que convidaria micróbios e bactérias para a mistura. Enquanto fotos estavam sendo tiradas para documentar o procedimento, alguém recomendou que as etiquetas da marca das caixas de areia fossem retiradas para que não parecesse que aquilo era "Compostagem humana, um oferecimento de Tidy Cats!" — uma associação da qual nenhuma das partes iria gostar.

Katrina vê essa parte do processo, quando a água é jogada no topo do monte, como um futuro ritual. Ela não quer que as instalações do Urban Death Project compartilhem da alergia dos crematórios modernos ao envolvimento familiar. Ela espera que jogar água em lascas de madeira frescas dê à família o mesmo sentimento de poder de acender uma pira crematória, de apertar o botão para ligar uma máquina crematória moderna ou de jogar terra sobre o caixão. Enquanto jogávamos água no monte de Frank, a sensação era a de um ritual. Parecia o começo de alguma coisa, para Frank e talvez para a sociedade.

Depois de um almoço no bar esportivo da cidade (não explicamos para a alegre garçonete loura por que estávamos cobertas de lascas de madeira), nós voltamos ao FOREST. Frank não foi o único motivo de termos ido até lá. Ainda havia a questão de June e John Compost, os corpos dos primeiros doadores. Hoje nós abriríamos os montes deles para ver o que havia embaixo, e se ainda havia alguma coisa.

Ao subir a colina, a dra. J se virou para Katrina e anunciou: "Ah, me esqueci de dizer, os cães farejadores de cadáver ignoraram completamente os montes". O rosto de Katrina se iluminou.

Em sua carreira de antropóloga forense, a dra. J já tinha sido consultada em incontáveis casos de pessoas desaparecidas, normalmente relacionados à densa floresta em volta das montanhas. Depois de testemunhar pessoalmente a dificuldade que a polícia tinha em localizar os mortos, a dra. J abriu o FOREST para a polícia e para os voluntários de busca e resgate com seus cães farejadores de cadáveres. É um benefício enorme para os adestradores ter acesso a corpos reais em decomposição, em condições similares às que eles podem estar na natureza. Depois de uma semana de treinamento no FOREST, a dra. J manda os adestradores para casa com uma amostra do que ela chama de "terra suja" — a terra que fica embaixo dos corpos decompostos, que a polícia pode continuar usando para dar instruções quando estiver em casa. "Você devia ver como eles ficam animados quando damos frascos de terra ou pedaços de roupas sujas de decomposição. Parece que é Natal", comentou a dra. J. Como diz a velha cantiga: "...então é Natal pro enfermo e pro são, pro frasco de terra debaixo de um corpo, num só coração".

Por que o fato de os cães farejadores de cadáver terem ignorado os montes de compostagem seria importante? Os cães trabalham com base no olfato e não têm dificuldade em farejar corpos a céu aberto, ou mesmo enterrados em covas rasas. Mas dentro de uma pilha de compostagem, a umidade, a aeração, o carbono e o nitrogênio estão balanceados para manter o odor preso na pilha. Katrina está ciente de que o público não vai aceitar esse novo método de tratamento do corpo se as instituições de recomposição, feitas para serem um local de luto e ritual, federem a decomposição humana. A falta de interesse dos cães pelos montes de corpos foi uma boa notícia para o futuro do projeto.

Ficou decidido que o doador masculino, John Compost, seria revelado primeiro. Ele era um cavalheiro alto e corpulento de 60 e tantos anos que morreu em março, o que queria dizer que passou cinco meses na pilha de lascas de madeira e alfafa. A posição dele no alto da colina significava mais sol direto e maior temperatura ambiente de modo geral. O monte todo tinha sido coberto por uma lona prateada.

Cavar direto no monte com pás de metal de tamanho normal trazia o risco de destruir o que pudesse haver lá dentro. Então, usamos pás pequenas e ancinhos pesados de plástico. Quando estávamos cavando a pilha com cuidado, as cores roxa e amarela vibrantes das pás nos fez parecer crianças construindo um castelo de areia mórbido.

De repente, nós encontramos um osso. A dra. Johnston se aproximou e usou um pincel delicado para tirar a terra e revelar a clavícula esquerda do homem.

Katrina ficou arrasada com a descoberta. "Não vou mentir. Eu queria que não houvesse nada lá. Queria que cavássemos e cavássemos e só encontrássemos... terra."

A dra. J sorriu. "Sabe, eu *queria* que houvesse alguma coisa aqui."

"Esperem", eu perguntei. "Nós estamos falando de uma compostagem de corpos completa aqui, que ocorre no período de quatro a seis semanas; então por que você queria que houvesse ossos?"

Katrina falou: "Porque a dra. J tem motivações diferentes. Ela quer os ossos".

Apesar de a dra. J estar entusiasmada com o projeto de Katrina, para ela nunca há esqueletos o suficiente. As coleções forenses, como a que ela tem na Western Carolina, nunca têm a quantidade de ossos de que precisam. Uma coleção exige uma variação bem grande de sexo e idade para criar uma comparação verdadeira e benéfica.

A dra. J acredita que, se conseguir acertar o momento certo de remoção dos montes, ela pode desenvolver um sistema que vai levar um humano de carne a esqueleto bem mais rápido do que o método atual — deixando-os expostos e esperando os insetos, os animais e a natureza fazerem seu trabalho.

No dia em que John Compost foi colocado nas lascas de madeira, uma camada de alfafa verde foi espalhada sobre o corpo na tentativa de elevar a temperatura do monte — o que parecia ter funcionado. Mas a compostagem também precisa de umidade para funcionar, e quando tiramos mais terra da pilha, ficou visível que a camada de alfafa teve o efeito de isolar a umidade do corpo dele. John Compost estava essencialmente mumificado, a carne branca e ressecada ainda grudada nos ossos do ilíaco e do fêmur, que limpei com pinceladas delicadas. Lição cruel número um da compostagem de corpos: não exagerar na camada de alfafa.

A dra. J encontrou uma coisa interessante quando descobriu a cabeça dele e o topo do ombro direito, as únicas partes do corpo que não estavam cobertas de alfafa. Chuvas fortes de primavera tinham escorrido do alto da colina e por baixo da lona, encharcando aquela parte. Ali, longe de estarem mumificados, os ossos estavam limpos, escuros — sem carne nenhuma. Na verdade, no esterno dele havia um princípio de formação de buracos como os de um queijo suíço, onde até o osso tinha começado a se decompor.

Apesar dessa descoberta encorajadora, John Compost estava longe de ter se transformado em solo fértil e escuro, como Katrina desejava. John ficou dentro do monte por cinco meses inteiros, e ali estava ele, ainda presente, mumificado. A compostagem de um boi adulto inteiro pode levar quatro semanas quando tem aeração mecânica envolvida. Miúdos bovinos de açougue levam só cinco dias. A compostagem humana ainda precisava ser muito desenvolvida.

A dra. J não se deixou abalar. "A gente aprende um pouco de cada vez", disse ela, dando de ombros, e sinalizou para começarmos a cobrir John novamente (depois de acrescentarmos mais água e tirarmos a malfadada camada de alfafa).

Os experimentos feitos no FOREST relembram as tentativas do professor de anatomia italiano Lodovico Brunetti, no final dos anos 1800, de criar a primeira máquina de cremação moderna. Os métodos de Brunetti eram muito sintonizados com a Era Industrial e empregavam o que o acadêmico Thomas Laquer chamava de "modernismo tecnológico austero".

Brunetti organizou vários experimentos fracassados, mas esses experimentos representaram "o começo de uma nova era na história dos cadáveres". Afinal, as máquinas de cremação industrializadas são hoje o modo dominante de tratamento do corpo em quase todos os países desenvolvidos.

O primeiro cadáver que Brunetti cremou foi o corpo de uma mulher de 35 anos colocada em uma fornalha de tijolos. O experimento não foi malsucedido, pois a fornalha reduziu o corpo dela a dois quilos e meio de pedaços de ossos. Mas o método levou tempo demais para o gosto do professor — quatro horas.

Brunetti achou que poderia acelerar o processo ao cortar o corpo em pedaços menores antes da cremação. O cadáver número dois, um homem de 45 anos, foi parar na mesma fornalha de tijolos em três camadas: o primeiro nível para os membros, o segundo para a cabeça, o peito e a pélvis, e o terceiro para os órgãos e as outras vísceras. A cremação também levou frustrantes quatro horas para terminar, mas agora os ossos que restaram pesavam apenas um quilo e cem gramas.

Katrina tinha considerado essa tática. Vários especialistas em compostagem disseram para ela: "Se você quer mesmo fazer compostagem de forma eficiente, é melhor cortar o corpo primeiro". As sugestões perturbadoras dos especialistas não param aí. Tem pessoas que dizem que ela precisa acrescentar esterco à pilha, e um ávido praticante de compostagem mandou um e-mail que dizia: "Prezada sra. Spade, estou interessado no seu projeto. Costumo ter muito sucesso com minha pilha de compostagem porque uso restos de urina de hospitais. Você já pensou nisso?".

"Você respondeu?", perguntei.

"Tive que recusar educadamente a urina de hospital. É uma boa fonte de nitrogênio? É. Age rapidamente? Provavelmente sim. Eu vou colocar um corpo nisso? Não."

Brunetti, sem se deixar abalar pela ideia de partir os mortos em pedaços, decidiu na próxima rodada de experimentos aumentar a temperatura e colocar várias partes do corpo em uma fornalha diferente que produzia gás de carvão, uma substância usada para eletricidade no século XIX. Essa fornalha ficava várias centenas de graus mais quente e levava duas horas a mais (seis horas no total). Mas o resultado final eram ossos que estavam completamente carbonizados, sem nada de material orgânico. Todos os rastros daquilo que fazia de um humano um ser humano, inclusive o DNA — embora o professor não fosse entender isso na época —, tinham sumido.

Em seu relatório de 1884, Brunetti escreveu sobre cremação:

É um momento solene e magnífico, que tem uma qualidade sagrada e majestosa. A combustão de um cadáver sempre produziu em mim um estímulo emocional muito forte. Enquanto a forma ainda é humana e a carne está queimando, somos tomados de assombro, admiração; quando a forma some e todo o corpo está queimado, a tristeza toma conta.

Em 1873, Brunetti estava pronto para revelar os resultados de seus experimentos na Vienna World Exhibition. O estande dele, de número 54 na seção da Itália, exibia vários cubos de vidro contendo os resultados de seus experimentos — ossos e carne em vários graus de desintegração.

A tecnologia de cremação de Brunetti representava uma chance para a sociedade pular a decomposição e incinerar o corpo até que chegasse a material inorgânico. Ele esperava industrializar o processo, fazer isso o mais rápido possível com a eficiência de uma linha de montagem. De acordo com Laquer, a cremação moderna, na visão de Brunetti, "era um problema para a ciência e a tecnologia resolverem". A mensagem era clara: a natureza por si só era estabanada e inábil, levando meses para fazer o que uma fornalha de 2 mil graus era capaz de fazer em poucas horas. Uma placa no estande de Brunetti na exibição de Viena dizia *"Vermibus erepti — Puro consumimur igni"*, ou "Salvo dos vermes, consumido pela chama purificadora".

Quase 150 anos depois, Katrina e eu discordaríamos de Brunetti de que só as chamas podem purificar. O poeta Walt Whitman falava do solo e da terra como sendo os grandes transformadores, aceitando "os restos" dos homens e produzindo "materiais tão divinos". Whitman se impressionava com a capacidade da terra de reabsorver os corruptos, os maus, os doentes, e produzir vida nova e imaculada. Não há motivo para fritar seu material orgânico com gás ou chama quando há coisas boas a se fazer com "os restos" da sua forma mortal.

A dra. J voltou à tenda no estacionamento para transferir os dados de um instrumento de registro eletrônico que tinha sido colocado no peito de John Compost para registrar os picos de temperatura pelos quais o corpo dele passaria enquanto estivesse no monte. Com isso, Katrina e eu começamos a tirar a terra do segundo monte, que continha June Compost. A mulher de 78 anos estava emaciada devido a uma doença na época de sua morte. O monte dela era composto de puras lascas de madeira e estava no pé da colina, descoberto, na sombra.

Conforme íamos mais fundo na pilha, a terra expôs larvas de besouros e de outros insetos. O solo dentro da pilha era abundante e escuro — a compostagem é muitas vezes chamada de "ouro negro". Mas a presença dos insetos não era ideal, pois queria dizer que ainda havia alguma coisa na pilha servindo de fonte de nutrientes, um banquete que mantinha aquelas criaturas ocupadas. De repente, eu encontrei o fêmur de June, coberto por um resto branco e grosso de gordura em decomposição, com a consistência de iogurte grego (minhas desculpas, fãs de iogurte grego). Quando tiramos mais terra, nós encontramos a mulher nos estágios finais de decomposição, praticamente no osso.

Os problemas de June Compost eram o oposto dos de John Compost. Havia umidade suficiente (e foi por isso que ela foi decomposta até o osso com sucesso), mas sem nitrogênio suficiente a temperatura no monte dela nunca ficou alta o bastante para reconfigurar seus ossos em terra.

Nem John e nem June Compost foram um sucesso. Mas isso era só o começo dos experimentos de Katrina. Mais corpos serão levados para o FOREST para serem compostados. Na Wake Forest University, uma professora de direito chamada Tanya Marsh está mandando que seus alunos de leis sobre cemitérios revejam as leis estaduais para descobrir como legalizar as instituições de recomposição em todos os cinquenta estados. Na Western Washington University, uma cientista do solo e especialista em compostagem, Lynne Carpenter-Boggs, vai iniciar experimentos com animais de tamanho humano (vacas pequenas, cachorros grandes, ovelhas tosadas, um porco ocasional — todos já falecidos). Já existem estudos sendo feitos sobre o que os processos de compostagem fazem com obturações de amálgama de mercúrio nos dentes, cuja liberação tóxica no ar é uma das maiores preocupações ambientais em relação à cremação.

"Lynne me telefonou outro dia para falar sobre o estudo dos dentes", disse Katrina, "e mencionou casualmente 'eu cavei meu próprio túmulo e dormi nele na noite passada'. Ela é uma sufi praticante que leva isso a sério mesmo."

"Caramba, cavou o próprio túmulo e dormiu nele!", me admirei.

"É, a morte é parte da prática espiritual dela. Ela é *bem* mais do que uma amante de compostagem de gado."

Vale comentar que os principais nomes no projeto de recomposição são mulheres — cientistas, antropólogas, advogadas, arquitetas. Mulheres estudadas, que têm o privilégio de dedicar seus esforços para consertar um erro. Elas abriram um espaço proeminente em suas carreiras profissionais para mudar o sistema atual da morte. Katrina comentou que "os humanos estão tão concentrados em impedir o envelhecimento e a deterioração que isso se tornou uma obsessão. E para quem é mulher, na sociedade, a pressão é implacável. Portanto, a decomposição se torna um ato radical. É uma forma de dizer 'Eu me amo e me aceito'".

Eu concordo com Katrina. Os corpos das mulheres estão com frequência sob o escopo dos homens, sejam nossos órgãos reprodutores, nossa sexualidade, nosso peso ou nossa forma de vestir. Existe uma liberdade encontrada na decomposição, um corpo que fica bagunçado, caótico e descontrolado. Essa imagem me agrada e me satisfaz, quando visualizo o que vai acontecer com meu futuro cadáver.

Quando os cuidados funerários se tornaram uma indústria no começo do século XX, houve um abalo sísmico em relação a quem era responsável pelos mortos. Cuidar do cadáver passou de um trabalho visceral e primitivo executado por mulheres a uma "profissão", uma "arte" e até uma "ciência" executada por homens bem pagos. O cadáver, com toda a sujeira física e emocional, foi tirado das mulheres. Foi deixado arrumado e limpo, e colocado em seu caixão sobre um pedestal, sempre fora do alcance.

Talvez um processo como a recomposição seja nossa tentativa de reivindicar nossos cadáveres. Talvez nós desejemos nos tornar solo para um salgueiro, uma roseira, um pinheiro — destinadas na morte a apodrecer e nutrir em nossos próprios termos.

PARA TODA A ETERNIDADE
CAITLIN DOUGHTY

ESPANHA
BARCELONA

A agência funerária americana exibe uma estética duvidosamente uniforme: tijolos finos de meados do século xx, interior de cortinas de veludo, um aroma incômodo de Glade elétrico (encobrindo os odores antissépticos da sala de preparação de corpos). Em contraste, a funerária Áltima, em Barcelona, tem um estilo quartel-general do Google misturado com templo de cientologia. É minimalista, hipermoderna, projetando o potencial para a atividade de culto. Os três andares têm piso, paredes e teto de pedra branca elegante. Varandas largas permitem que as pessoas saiam e olhem para o jardim. Não para o estacionamento, para o *jardim*. Uma parede é de vidro do piso ao teto, expondo uma vista que vai da montanha ao mar. Siga até o café se quiser aproveitar o wi-fi gratuito.

O sol mediterrâneo entrava pela janela e refletia no piso branco. Com a visão ofuscada pelo brilho, eu me vi apertando os olhos o tempo todo enquanto conversava com os funcionários atraentes e bem-arrumados da Áltima, inclusive Josep, o elegante homem de terno que cuidava da operação toda.

Além de Josep, 63 pessoas trabalham nas instalações eficientes da funerária. Elas recolhem corpos, os preparam, preenchem certidões de óbito, se reúnem com famílias, executam cerimônias. A Última cuida de quase um quarto de todas as mortes de Barcelona, o que dá de dez a doze corpos por dia. As famílias escolhem entre enterro ou cremação. A Espanha, em decorrência de suas raízes católicas, demorou mais para adotar a cremação do que a maioria dos países europeus; sua taxa de cremação é de 35%, com a Barcelona urbana chegando perto de 45%.

Para entender os rituais de morte em Barcelona, é preciso entender o vidro. Vidro quer dizer transparência, um confronto às claras com a realidade brutal da morte. O vidro também representa uma barreira sólida. Permite que você chegue perto, mas nunca faça contato.

A Última oferece dois grandes *oratorios* (capelas) e vinte salas familiares. Uma família pode alugar uma dessas salas e passar o dia todo com seus mortos, chegando logo cedo e ficando até as portas se fecharem, às 22h. E muitas famílias fazem isso. A condição é de que o tempo todo o corpo vai ficar atrás de um vidro.

Há opções quanto ao tipo de vidro que você prefere que seja colocado entre você e seu ente querido. Se você selecionar um velório em estilo espanhol, a Última vai exibir seu ente querido no caixão, cercado de flores, por trás de uma vidraça grande, tipo uma vitrine de loja de departamentos. Se você preferir o estilo catalão, Josep e sua equipe vão colocar o caixão aberto em uma vitrine estilo Branca de Neve no centro da sala. Seja como for, a Última consegue manter uma temperatura estável em volta do corpo de o a seis graus Celsius.

Nos bastidores, havia longos corredores onde os corpos em caixões de madeira esperavam seu grande momento. Portas de metal pequeninas no estilo de *Alice no País das Maravilhas* se abriam e permitiam que os funcionários da Última colocassem os corpos nas vitrines ou nas caixas de vidro.

"O que faz o caixão de vidro ser o estilo catalão?", perguntei.

Meu intérprete era Jordi Nadal, presidente da editora que lançou meu primeiro livro na Espanha. Jordi era um personagem à la Zorba, o Grego, que soltava frases de *carpe diem* em todas as oportunidades, mantinha sua taça de vinho cheia e lula e paella em seu prato.

"Nossas famílias catalãs querem ficar mais perto dos mortos." Essa foi a resposta.

"Colocando-os atrás de um vidro como num zoológico? Qual é o incômodo que os corpos estão causando exatamente?" Isso foi o que eu *não* disse.

O fato foi que eu havia passado a semana toda na Espanha dando diversas entrevistas e discorrendo sobre as formas como as funerárias modernas mantêm a família separada dos mortos. Áltima leu essas entrevistas. Eles terem me permitido fazer aquela visita era um milagre, e eles exibiram uma disposição em se envolver com métodos alternativos que nenhuma corporação funerária norte-americana demonstrou. Eu não queria abusar da sorte.

Isso não quer dizer que não houve tensão. Um funcionário, um cavalheiro mais idoso, quis saber se eu estava gostando da visita a Barcelona.

"A cidade é linda, eu não quero ir embora. Talvez eu fique aqui e me candidate a um emprego na Áltima!", respondi, brincando.

"Com suas ideias, nós não contrataríamos você", brincou ele em resposta, com uma certa malícia na voz.

"Existe essa expressão em espanhol, 'Fique perto dos seus amigos e mais perto ainda dos seus inimigos'?"

"Ah, sim." Ele ergueu as sobrancelhas. "Nós fazemos isso."

As pessoas com quem conversei em Barcelona (cidadãos em geral e pessoas relacionadas ao serviço funerário) reclamaram de como o processo da morte parecia apressado. Todos achavam que o corpo tinha que ser enterrado dentro de 24 horas, mas ninguém tinha certeza do motivo. Os parentes e amigos dos falecidos se sentiam pressionados pelos agentes funerários para terminarem as coisas. Por sua vez, o pessoal das funerárias protestava que as famílias "querem as coisas rápido, rápido, rápido, em menos de 24 horas". Todo mundo parecia preso na rodinha de hamster das 24 horas. As teorias para esse limite de tempo variam de fatores históricos, como o passado muçulmano da Espanha (o Islã exige que os corpos sejam enterrados rapidamente após a morte) e ao tempo quente do Mediterrâneo, que faria com que os corpos entrassem em putrefação mais rapidamente do que em outros lugares da Europa.

Antes do século xx, não era incomum acreditar que o cadáver era uma entidade perigosa que espalhava pestilência e doenças. O imame dr. Abduljalil Sajid explicou para a bbc que a tradição muçulmana de enterro nas primeiras 24 horas "era uma forma de proteger os vivos de qualquer questão higiênica". A tradição judaica segue regras similares. Esse medo comum a várias culturas inspirou o mundo desenvolvido a erigir barreiras protetoras entre o cadáver e a família. Os Estados Unidos, a Nova Zelândia e o Canadá incorporaram o embalsamamento, a preparação química do corpo. Aqui em Barcelona, eles colocavam o corpo atrás de um vidro.

O movimento rumo à remoção dessas barreiras é lento, apesar de entidades reconhecidas, como a Organização Mundial da Saúde, deixarem claro que mesmo depois de um evento de morte em massa, "ao contrário da crença comum, não há evidência de que cadáveres ofereçam um risco de 'epidemia' de doença".

O Centro de Controle de Doenças (CDC, na sigla em inglês) diz de forma ainda mais direta: "A imagem e o cheiro de putrefação são desagradáveis, mas não criam ameaça à saúde pública".

Com isso em mente, perguntei a Josep, o dono da Última, se eles permitiriam que a família mantivesse o corpo em casa, sem as caixas protetoras de vidro. Apesar de ter insistido que eles raramente recebiam um pedido assim, Josep jurou que eles permitiriam, enviando os funcionários até a casa da pessoa para "tapar os buracos".

Pegamos um elevador de carga para descer e entramos na área de preparação de corpos. Na Espanha, os corpos são enviados tão rápido para a sepultura ou para incinerar que raramente são embalsamados. A Última tinha uma sala de embalsamamento com duas mesas de metal, mas eles só executam o embalsamamento completo em corpos que vão ser transportados para outra parte da Espanha ou para fora do país. Diferentemente dos Estados Unidos, onde aspirantes a embalsamadores precisam obter a combinação exagerada de diploma de faculdade funerária e estágio, na Espanha todo o treinamento é feito na própria funerária. A Última se gaba de importar especialistas em embalsamamento da França para treinar sua equipe, "inclusive o homem que embalsamou Lady Di!".

Na sala de preparação de corpos, duas mulheres idosas idênticas, com suéteres de botão idênticos e crucifixos idênticos no pescoço, estão deitadas em caixões idênticos. Duas funcionárias da Última estão inclinadas sobre a primeira mulher, secando o cabelo dela. Dois funcionários estão inclinados sobre a segunda, passando um creme pesado no rosto e nas mãos dela. Esses corpos estavam a caminho do andar de cima, destinados ao repouso em caixões de vidro ou atrás de paredes de vidro.

Eu perguntei a Jordi, meu editor, se ele já tinha visto corpos assim, sem a barreira de vidro. Com sua vivacidade típica, ele comentou que, apesar de nunca ter visto, estava pronto para o encontro. "Ver a verdade assim é sempre elegante", explicou ele. "Dá o que você merece como ser humano. Dá dignidade."

Joan era uma versão mais grisalha do irmão Josep. Ele cuidava do Cementiri Parc Roques Blanques ("Pedras Brancas"), um dos cemitérios da Áltima. Todos os cemitérios espanhóis são públicos, mas empresas privadas podem obter concessão para cuidar deles por um período determinado de tempo. O carrinho elétrico de golfe subiu e desceu colinas, passando por mausoléus e columbários. Roques Blanques era parecido com muitos cemitérios norte-americanos, com flores coloridas sobre túmulos de granito.

Mas um aspecto era drasticamente diferente. Joan pediu pelo rádio para um dos zeladores se juntar a nós no alto de uma colina. Não havia túmulos ali, só três discretas tampas de bueiro. O zelador se inclinou para destrancar os pesados cadeados e puxou os círculos de metal. Eu me agachei ao lado dele e espiei. Embaixo da cobertura havia buracos fundos abertos na colina, cheios até o topo com sacos de ossos e pilhas de restos cremados.

Alguém da América do Norte talvez se repugnasse com a ideia de um cemitério idílico abrigando túmulos coletivos, repletos de restos de centenas de pessoas. Mas aquilo era coisa comum naquele cemitério espanhol.

Os mortos em Roques Blanques começam em um túmulo na terra ou em um mausoléu fechado. Mas eles não compraram uma casa no cemitério, é mais como se tivessem alugado um apartamento. Eles têm direito a uso temporário, e sua permanência no túmulo é limitada.

Antes de um corpo ser colocado no túmulo, a família precisa pagar um mínimo de cinco anos de tempo de decomposição. Quando o cadáver estiver desfeito até restarem só os ossos, eles se juntam a seus camaradas nos buracos comunitários, abrindo caminho para os recém-falecidos. As únicas exceções são feitas para corpos embalsamados (mais uma vez, raros na Espanha). Esses corpos podem precisar de vinte anos para a transição. A equipe de Joan espia periodicamente os corpos embalsamados e diz: "Ah, amigão... ainda não!". O cadáver vai ter que ficar no túmulo ou na cripta até estar pronto para se juntar ao clube dos ossos coletivos.

Essa "reciclagem de túmulos" não é uma prática apenas espanhola. Existe na maior parte da Europa, mais uma vez deixando estupefato o norte-americano comum, que vê o túmulo como um lar permanente. Em Sevilha, no sul da Espanha, quase não há terreno de cemitério disponível. A taxa de cremação lá é de 80% (muito alta para a Espanha), porque o governo subsidia a cremação, baixando-a a um custo de apenas 60 a 80 euros. É economicamente prudente morrer em Sevilha.

Em Berlim, as famílias alemãs alugam túmulos por vinte a trinta anos. Recentemente, os terrenos de cemitério se tornaram não só propriedade de primeira para os mortos, mas também para os vivos. Com tanta gente escolhendo a cremação, os cemitérios estão sendo convertidos em parques, jardins comunitários e até parquinhos infantis. Essa é uma transição difícil de aceitar. Os cemitérios são belos espaços de valor cultural, histórico e comunitário. Na mesma medida, possuem grande potencial cultural e de revitalização, como declarou esse artigo da Public Radio International:

> *E tem o cemitério de Berlim, livre da maioria das lápides, que agora é um jardim comunitário, incluindo*

*uma pequena horta dos refugiados sírios, com to-
mates, cebolas e hortelã.*

*A antiga oficina do entalhador de lápides na en-
trada do cemitério agora abriga aulas de alemão
para refugiados.*

*"É um espaço que foi abandonado e usado para
enterrar pessoas, mas agora está sendo usado para
jardinagem e cultivo dos seres humanos da melhor
forma possível", disse Fetewei Tarekegn, o jardinei-
ro-chefe do projeto comunitário.*

Roques Blanques está tentando fazer mais do que apenas enterrar os mortos. Eles venceram prêmios pela iniciativa verde. A frota de veículos de lá é elétrica, inclusive o rabecão em
forma de besouro prateado, concebido por alunos da escola
de design de Barcelona. Os dez hectares de terra abrigam colônias protegidas de esquilos e javalis, e casas especiais para
morcegos. As colônias de morcegos são cultivadas para controlar a perigosa invasão do mosquito tigre asiático, embora
Roques Blanques tenha recebido divulgação negativa na imprensa por ousar associar seu cemitério a morcegos, vampi-
ros, os malvados mortos-vivos!

Por melhores que sejam essas iniciativas no espectro ambiental, Roques Blanques não é um cemitério natural. Os
mortos precisam ser enterrados em caixões de madeira dentro de criptas de granito, empilhados em camadas de duas,
três ou seis pessoas. Isso é intrigante. Por que não colocar o
corpo diretamente na terra, sem o granito? Isso permitiria
que os ossos se decompusessem completamente, o que tornaria desnecessário o uso do espaço comunitário, liberando
terreno. "Nós não fazemos isso na Espanha", pontuou Joan.

Joan decidiu ser cremado, mas pareceu entender a contra-
dição em sua escolha. "São necessários nove meses para criar
um bebê, mas nós destruímos o corpo com facilidade demais
por um processo de cremação industrial." Ele pensou por um

momento. "O corpo devia levar os mesmos nove meses para se desintegrar." Eu sussurrei para Jordi: "Parece que ele quer um enterro natural!".

A Espanha é muito boa em ser *quase* verde em suas ideias pós-morte. No nosso passeio, nós passamos por um bosque de árvores, mediterrâneas e nativas da região, claro. Roques Blanques planta uma árvore e enterra as cinzas de cinco pessoas da sua família ao redor, tornando-a literalmente uma árvore da família. É o primeiro cemitério na Espanha a oferecer essa opção.

A "árvore da família" de Roques Blanques é similar à popular urna biodegradável Bios Urn, criada por uma firma de design de Barcelona. Vocês já devem ter visto alguma coisa sobre isso nas suas redes sociais. A Bios Urn parece um grande copo do McDonald's cheio de terra, com a semente de uma árvore e uma parte designada para os restos cremados. Um dos artigos mais populares sobre a Bios Urn se chama "Essa incrível urna vai transformá-lo em árvore depois que você morrer!".

É um pensamento lindo, e uma árvore pode crescer na terra oferecida, mas depois do processo de cremação a quase mil graus, os ossos que restam são reduzidos a matéria inorgânica, basicamente carbono. Com tudo orgânico (inclusive o DNA) queimado, suas cinzas estéreis já passaram do ponto de serem úteis para plantas e árvores. Há nutrientes, mas a combinação deles é toda errada para as plantas e não contribui para o ciclo ecológico. A Bios Urn cobra 145 dólares por uma urna. O simbolismo é lindo. Mas o simbolismo não faz com que você se torne parte da árvore.

Roques Blanques tem duas retortas (máquinas) crematórias no cemitério, que cremam 2.600 pessoas por ano. Ao ir ver as máquinas, fiquei surpresa de encontrar dois homens de terno ao lado de um caixão de madeira clara com um emblema de cruz, esperando com as mãos cruzadas em frente a uma retorta pré-aquecida. "Ah, vocês estão nos esperando, excelente! *Gracias!*" Eu sempre me empolgo para testemunhar uma cremação. Nunca perde a graça, não importa quantas vezes você tenha visto ou executado uma cremação. É algo poderoso estar na presença de um cadáver a momentos de ser transformado pelo fogo.

Joan nos levou em um breve tour pela sala crematória, inclusive até a máquina de quinze anos usada para cremações testemunhadas pelas famílias. Era significativamente mais agradável do que os armazéns industriais nos EUA. "As paredes são de mármore da Itália, o piso é de granito do Brasil", explicou ele.

"Sessenta por cento de nossas famílias vêm testemunhar a cremação", anunciou Joan. Foi aí que meu queixo caiu no piso de granito polido.

"Perdão, 60%?", repeti.

É um número enorme — bem maior do que a porcentagem nos Estados Unidos, onde muitas famílias nem sabem que têm a opção de testemunhar a cremação.

Antes da cremação começar, Joan nos levou até o lado de fora da sala, atrás — estão preparados? — de três vidraças que iam do chão ao teto. Eram idênticas às vidraças que nos separavam do corpo na funerária. "Por que vocês usam vidro na cremação?", perguntei a Joan.

"O ângulo é tal que não dá para ver completamente dentro do forno, nas chamas", respondeu ele.

Era verdade. Por mais que tentasse, eu não conseguia ver o fogo, só a beirada da máquina crematória. Os dois homens colocaram o caixão na máquina forrada de tijolos. Quando a porta pesada de metal desceu, eles empurraram uma porta elegante de madeira na frente da retorta, escondendo a fachada industrial da máquina.

Barcelona era a terra do quase. Eles tinham iniciativas de ecocemitérios, preservação animal e plantação de árvores nativas. Os corpos não eram embalsamados e eram enterrados em caixões de madeira. *Quase* um enterro verde, exceto pela fortaleza de granito em que o caixão tinha que ser colocado. Eles tinham cremações com testemunhas a que 60% das famílias compareciam, e funerárias em que as famílias podiam ficar o dia todo com seu ente querido. *Quase* um modelo de interação familiar na morte, mas havia um vidro separando a família do corpo na visualização e na cremação, apresentando a mamãe como uma exposição de museu.

Eu queria me mostrar arrogante sobre o uso do vidro, mas não consegui, por um simples motivo: com os elegantes mármore e vidro, a Áltima oferecia a única coisa de que os Estados Unidos precisam mais do que tudo — bundas nas cadeiras. As pessoas compareciam às mortes ali. Apareciam para acompanhamentos de um dia inteiro, sentadas em vigília e próximas dos corpos. Apareciam para testemunhar cremações: 60%, naquele local. Talvez a barreira de vidro equivalesse às rodinhas de treinamento necessárias para deixar um público cauteloso com a morte chegar perto, mas não perto demais.

O processo de cremação levaria aproximadamente noventa minutos. Joan levou Jordi, meu editor, até a parte de trás da máquina, aonde a família não vai. Ao abrir uma janelinha de metal com dobradiças, ele nos permitiu olhar dentro da câmara crematória. Chamas ferozes desciam do teto e devoravam o topo do caixão. Jordi arregalou os olhos ao espiar, as pupilas refletindo as chamas.

Pelo trabalho de passear comigo em Barcelona, o pobre Jordi foi recompensado com múltiplos contatos imediatos com os mortos. Enquanto comíamos o que parecia ser um jantar de quatorze pratos na cidade, eu perguntei como foi o dia para ele. Ele pensou e respondeu que "quando as contas chegam, você tem que pagar. Na minha empresa, eu pago as minhas contas. Aqui neste restaurante, eu pago a minha conta. É o mesmo com os sentimentos. Quando os sentimentos vêm, o medo da morte, eu tenho que sentir esses sentimentos. Eu tenho que pagar minha conta. Que é estar vivo".

⁛ PARA TODA A ETERNIDADE ⁛
CAITLIN DOUGHTY

JAPÃO
TÓQUIO

Tokudane!, o programa de televisão japonês matinal, foi para um intervalo comercial. Mulheres de roupas cor de uva dançam ao som de uma batida eletrônica pulsante. Coelhos de animação aparavam uma peruca na cabeça de um homem estupefato. *Tokudane!* voltou, e os apresentadores anunciaram o segmento seguinte, que começava com um monge de veste branca orando em um templo. Havia flores e incenso; ele parecia estar realizando a cerimônia de um funeral.

O templo estava lotado de pessoas abaladas. A imagem recuou e revelou o altar e a fonte de tanto sofrimento — dezenove cachorros robóticos. A câmera deu zoom nas patas quebradas e rabos arrancados. Eu estava assistindo ao programa no refeitório do hotel, completamente atenta, comendo ovos fritos em formato de coração.

A gigante eletrônica Sony lançou o Aibo ("companheiro" em japonês) em 1999. O robocanino de um quilo e meio tinha a capacidade de aprender e reagir com base nas ordens do dono. Adorável e encantador, Aibo também latia, sentava e fingia que estava fazendo xixi. Os donos alegavam que os cachorros ajudavam a combater a solidão e problemas de saúde. A Sony descontinuou o Aibo em 2006, mas prometeu continuar fazendo reparos. Em 2014, também suspendeu a assistência técnica, uma dura lição de mortalidade para os donos dos aproximadamente 150 mil Aibos vendidos. Uma indústria informal de veterinários robóticos e fóruns on-line de apoio ao luto surgiu, culminando em funerais para os Aibos tragicamente impossíveis de recuperar.

Quando o segmento do *Tokudane!* terminou, eu fui para Tóquio cheia de ovos em formato de coração na barriga para encontrar minha intérprete, Emily (Ayako) Sato. Ela tinha sugerido que nos encontrássemos na estátua de Hachikō, na estação de trem de Shibuya. Hachikō é um herói nacional no Japão. Hachikō também era um cachorro (mas de verdade). Nos anos 1930, ele encontrava seu dono, um professor de agricultura, na estação de trem todos os dias depois do trabalho. Um dia, o professor não foi se encontrar com Hachikō; ele morrera de hemorragia cerebral. Inabalável, Hachikō voltou à estação todos os dias durante os nove anos seguintes, quando sua própria morte interrompeu o ritual. Cachorros são um sólido ponto de encontro em uma perspectiva transcultural. Todo mundo respeita um canino dedicado.

Sato-san estava esperando quando cheguei, uma mulher de meia-idade avançada que não parecia ter mais de 40 anos. Ela estava usando um terno poderoso e sapatos confortáveis de caminhada. "Meu segredo é andar 10 mil passos por dia." Eu quase me perdi dela várias vezes quando descemos para o interior labiríntico da estação de Shibuya, levada pelas

multidões dos habitantes bem-vestidos de Tóquio. "Talvez eu precise ficar segurando uma daquelas bandeiras que os guias de turismo de grupos carregam, com o desenho de um crânio, só para você", disse ela, sorrindo.

Depois de duas roletas, três escadas e quatro escadas rolantes, nós chegamos à nossa plataforma. "Estamos mais protegidas aqui dos terremotos", anunciou Sato-san. Essa declaração não foi aleatória. Naquele dia tinha havido um terremoto de 6,8 de magnitude perto do litoral. Eu não conseguia falar com ninguém em Tóquio sem que a pessoa fizesse referência ao impacto psicológico do terremoto de 2011, com o tsunami subsequente que atingiu o Nordeste do Japão e matou mais de 15 mil pessoas.

Na plataforma do metrô, barreiras de vidro de correr separavam os passageiros dos trilhos abaixo. "Essas barreiras são meio recentes", explicou Sato-san. "Primeiro, elas impedem", ela baixou a voz, "os suicídios." A taxa de morte por suicídio do Japão é uma das mais altas no mundo desenvolvido. Sato-san

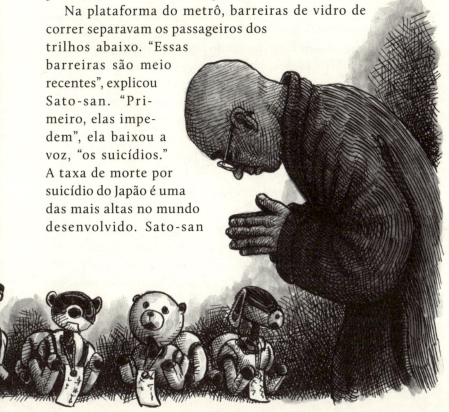

continuou: "Infelizmente, os funcionários ficaram muito eficientes na limpeza dos suicídios nos trilhos, recolhendo partes do corpo e tudo mais".

Na visão judaico-cristã — e, portanto, na visão dominadora do Ocidente —, morrer por suicídio é um ato pecaminoso e egoísta. Essa percepção demorou a passar, embora a ciência seja clara em manifestar que o suicídio tem como causa distúrbios mentais diagnosticáveis e abuso de substâncias como drogas e álcool. ("Pecado" não entra na lista do DSM-5.)

O significado cultural do suicídio no Japão é diferente. É visto como um ato altruísta e até honroso. Os samurais introduziram a prática do *seppuku*, literalmente "corte do abdome", a autoevisceração por espada para impedir a captura pelo inimigo. Na Segunda Guerra Mundial, quase 4 mil homens morreram como pilotos *kamikaze*, transformando seus aviões em mísseis e se chocando com navios inimigos. Lendas apócrifas e famosas contam sobre a prática do *ubasute*, em que mulheres idosas eram carregadas nas costas dos filhos para a floresta para serem abandonadas em épocas de fome. A mulher ficava no lugar obedientemente, sucumbindo à hipotermia ou à fome.

Os estrangeiros dizem que os japoneses romantizam o suicídio e que o Japão tem uma "cultura do suicídio". Mas a realidade é mais complicada. A visão japonesa de morte autoinfligida como altruísta é mais sobre não querer ser um peso, e não uma fascinação com a mortalidade em si. Mais ainda, "estudiosos estrangeiros podem olhar os números estatísticos sobre suicídio, mas não vão entender o fenômeno", argumenta o escritor Kenshiro Ohara. "Só os japoneses conseguem entender o suicídio dos japoneses."

Para mim, observar a morte no Japão foi como olhar através de um espelho: tudo familiar, mas distorcido. Como os Estados Unidos, o Japão é uma nação desenvolvida, onde funerais e cemitérios são um negócio grandioso. Grandes corporações funerárias têm papel importante nos mercados ocidental e japonês. Suas instalações imaculadas apresentam funcionários profissionais da morte. Se essa fosse a história toda, não faria sentido eu fazer uma visita. Mas essa não é a história toda.

O templo budista Koukokuji, uma construção do século XVII escondida em uma silenciosa rua de Tóquio, é lar de um cemitério modesto, com lápides envelhecidas representando gerações de famílias que já foram lá para orar. Um gato preto e branco estava deitado no caminho de pedra. Nós saímos da Tóquio moderna e entramos em um filme de Miyazaki. Yajima jūshoku (*jūshoku* quer dizer sacerdote ou monge principal) apareceu para nos receber, um homem afável com uma veste marrom, cabelo branco curto e óculos.

Em contraste com o ambiente arcaico, Yajima jūshoku é um homem de ideias novas, como, mais especificamente, fazer um memorial para restos cremados (meu tipo de sujeito). Os agentes funerários nos Estados Unidos ficam pálidos de medo ao pensar em uma "cultura de cremação" nacional, o que diminuiria a margem de lucro de embalsamamento e vendas de caixões. Na realidade, nós não temos ideia de como uma "cultura de cremação" homogênea seria. Mas os japoneses sabem. Eles têm uma taxa de cremação de 99,9% — a mais alta do mundo. Nenhum outro país chega perto (desculpe, Taiwan: 93%; e Suíça: 85%).

O imperador e a imperatriz eram a resistência final, ainda preferindo o enterro do corpo. Mas, vários anos atrás, o imperador Akihito e sua esposa, a imperatriz Michiko, anunciaram que também seriam cremados, rompendo quatrocentos anos de tradição de enterro imperial.

Quando o templo Koukokuji chegou à sua capacidade, o sacerdote Yajima podia ter investido em um espaço para um cemitério à moda antiga. Em vez disso, sete anos atrás ele construiu o columbário Ruriden. (Columbários são construções separadas para guardar restos cremados.) "O budismo sempre foi algo de última geração", explicou ele. "É muito natural usar tecnologia junto ao budismo. Não vejo conflito nenhum." Com isso, ele nos levou pelas portas do novo prédio hexagonal do complexo.

Nós ficamos na escuridão enquanto Yajima digitava alguma coisa em um teclado na entrada. Momentos depois, 2 mil Budas do chão ao teto começaram a cintilar e pulsar em um tom de azul vívido. "Nossaaaaa", Sato-san e eu dissemos ao mesmo tempo, atordoadas e encantadas. Eu tinha visto fotografias de Ruriden, mas estar cercada em 360 graus pelos luminosos Budas foi impressionante.

Yajima abriu uma porta trancada, e nós olhamos atrás das paredes com os Budas para seiscentos conjuntos de ossos. "Rotulados para facilitar na hora de encontrar a srta. Kubota-san", disse ele, sorrindo. Cada conjunto de restos cremados correspondia a um Buda de cristal na parede.

Quando uma pessoa da família vai visitar Ruriden, ela digita o nome do falecido ou pega um cartão magnético com chip, parecido com os cartões usados no metrô de Tóquio. Depois que a família se registra na entrada, as paredes se acendem em azul, menos um único Buda cintilando em branco. Não é necessário ficar apertando os olhos para ler os nomes e tentar encontrar a mamãe — a luz branca vai guiar você direto até ela.

"Tudo isso evoluiu", disse Yajima. "Por exemplo, nós começamos com uma tela onde você digitava o nome da pessoa da família. Um dia, eu vi uma mulher muito idosa com dificuldade para digitar um nome, e foi nessa hora que passamos a usar os cartões magnéticos. Ela só precisava passar o cartão e podia na mesma hora encontrar seu falecido!"

Yajima voltou para o controle da tela e nos instruiu a ficar no centro do aposento. "A cena de outono!", anunciou ele, e a formação de Budas ficou amarela e marrom, com manchas vermelhas em movimento, como pilhas de folhas recém-caídas. "Cena de inverno!", e os Budas viraram nevascas azul-claras e brancas. "Estrela cadente!", e os Budas ficaram roxos enquanto pontos brancos pulavam de Buda em Buda, como uma animação em *stop-motion* do céu noturno.

A maioria dos columbários não dá espaço à inovação. O design é o mesmo em todo o mundo. Fileiras infinitas de paredes de granito, onde cinzas residem atrás dos nomes entalhados dos mortos. Se a individualidade é uma prioridade, você pode ter permissão de afixar uma pequena foto, incluir um urso de pelúcia ou um buquê de flores.

Esse show de luzes de LED poderia ser uma produção da Disney, mas havia alguma coisa no sofisticado design de luzes que fazia parecer que tínhamos sido embrulhadas em um útero Tecnicolor.

"O pós-vida do budismo é cheio de tesouros e luz", explicou Yajima.

Os estudiosos de religião John Ashton e Tom Whyte descreveram a Terra Pura (o reino celestial do budismo do Leste Asiático) como "decorado com pedras e metais preciosos, ladeado de bananeiras e palmeiras. Lagos frescos e revigorantes e flores de lótus abundam, e aves selvagens cantam louvores a Buda três vezes por dia".

Ao planejar Ruriden, Yajima estava criando "um pós-vida no caminho de Buda".

As luzes de Buda nem sempre foram elaboradas daquele jeito. Uma das primeiras visitantes da nova instalação de Ruriden foi uma designer de luzes, e ela se ofereceu para criar as cenas para as diferentes estações. "No começo, as luzes pareciam um show de Las Vegas!", disse Yajima, rindo. "Isso não é brinquedo, eu disse! Está exagerado! Nós cancelamos a ideia. O mais natural possível, eu disse. O trabalho ainda está em andamento para criar essa atmosfera, a mais natural possível."

Yajima nos convidou para tomar chá dentro do templo e me ofereceu um banquinho, trazido para estrangeiros em visita. Ele acreditava que eu não aguentaria me sentar de pernas

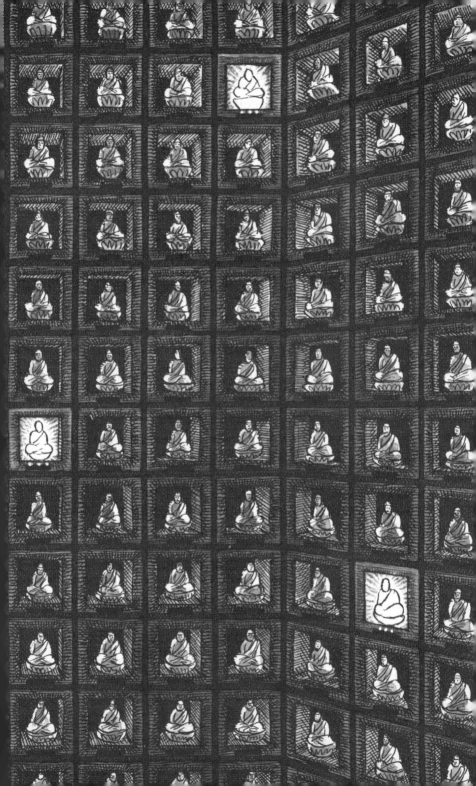

cruzadas nas esteiras pelo tempo de duração do chá e da conversa. Eu garanti que conseguiria. (Não consegui. Minhas pernas ficaram dolorosamente dormentes depois de três minutos.)

Eu perguntei a Yajima por que ele elaborou Ruriden da forma como fez, e a resposta dele foi ardorosa. "Nós tínhamos que agir, nós tínhamos que fazer alguma coisa. O Japão tem menos crianças. O povo japonês está vivendo mais tempo. A família tem que cuidar do seu túmulo, mas nós não temos gente suficiente para cuidar do túmulo de todo mundo. Nós tínhamos que fazer alguma coisa pelas pessoas que ficaram."

Um quarto da população do Japão está acima de 65 anos. Isso, combinado a uma taxa de natalidade baixa, fez com que a população do Japão encolhesse em 1 milhão de pessoas nos últimos cinco anos. As mulheres japonesas têm a maior expectativa de vida no mundo; os homens japoneses têm a terceira. Mas o mais importante é que a "expectativa de vida saudável" deles (não só envelhecer, mas envelhecer sendo independente) é a mais longa nos dois gêneros. Conforme a população envelhece, a necessidade de enfermeiros e cuidadores aumenta. As pessoas de 70 anos estão cuidando de pessoas de 90.

Minha intérprete, Sato-san, conhece isso bem. Ela é responsável pelo cuidado de seis pessoas: seus pais, os pais do marido e dois tios. Todos têm 80 e tantos ou 90 e tantos anos. Alguns meses atrás, a tia-avó dela morreu aos 102 anos.

Esse exército de idosos (o "mercado grisalho") trabalhou a vida toda, poupou dinheiro e teve poucos filhos, isso quando teve algum. Eles têm dinheiro para gastar. O *Wall Street Journal* disse que "uma das palavras mais populares no mercado japonês agora é '*shūkatsu*', ou 'fim da vida', se referindo à explosão de produtos e serviços direcionados às pessoas que estão se preparando para seus anos finais".

O lucro da indústria da morte no Japão aumentou em 335 bilhões de ienes (3 bilhões de dólares americanos) desde o ano 2000. Uma empresa chamada Final Couture vende mortalhas de grife, e fotógrafos especializados criam retratos de fim da vida para serem exibidos em funerais.

As pessoas aparecem anos antes para comprar seus Budas em Ruriden. Yajima as encoraja a visitarem com frequência e orarem pelos outros, e assim enfrentarem a própria morte. Quando elas morrerem, "serão recebidas pelas pessoas que foram para Buda antes de vocês".

Há também as que não planejam com antecipação, que não têm parentes próximos. Seus cadáveres deixam tristes contornos marrom-avermelhados em tapetes e colchas quando elas só são encontradas semanas ou meses depois da morte. Elas são vítimas da epidemia japonesa de *kodokushi*, ou "mortes solitárias": pessoas idosas que morrem isoladas e sozinhas, sem ninguém para encontrar seus corpos e, menos ainda, para irem orar em seus túmulos. Há até empresas especializadas contratadas por senhorios para limpar o que ficou depois de um *kodokushi*.

Quando Yajima construiu Ruriden, ele "pensou no homem que não tem filhos e diz 'O que eu vou fazer, quem vai orar por mim?'".

Todas as manhãs, Yajima entra em Ruriden e digita a data do dia. Naquela manhã, ele digitou 13 de maio. Vários Budas brilharam em amarelo, representando as pessoas que tinham morrido naquele dia. Yajima acendeu incensos e orou por elas. Ele se lembra delas, mesmo não havendo família que faça isso. Para um homem ou mulher idosa que não deixou família, os Budas iluminados de Ruriden agem como uma comunidade no pós-morte.

Yajima jūshoku pode ser um sacerdote poderoso, mas também é designer. "Quando oro, eu também penso em criar. Como podemos criar uma coisa nova, cheia de uma luz impressionante? Como criamos Budas novos?"

Para ele, o ato de orar é essencial para a criatividade. "Cada vez que eu oro, uma ideia diferente aparece... Eu não sou um homem que se senta a uma mesa para criar um plano. Tudo acontece enquanto estou orando."

E se Ruriden se encher de cinzas? "Se encher a ponto de lotar, eu vou considerar um segundo ou terceiro." Yajima sorriu. "Eu já estou pensando neles."

No começo do século xx, os crematórios particulares do Japão eram (ao menos aos olhos da imprensa) antros de iniquidade. Os homens que operavam os crematórios levavam fama de roubar dentes de ouro dos mortos. Ainda mais estranho que isso, diziam que roubavam partes do corpo, que eram transformadas em medicamentos para curar a sífilis. As máquinas ainda queimavam com madeira, e não gás, o que tornava o processo longo. A família tinha que ir embora do crematório e voltar para casa enquanto o corpo ficava queimando a noite toda. O historiador Andrew Bernstein explicou que "como precaução contra o roubo de partes do corpo, de dentes de ouro, de joias e de peças de roupa, os familiares recebiam a chave dos fornos individuais, que tinham que levar de volta ao crematório para receber os ossos e as cinzas", como armários em uma rodoviária.

O Mizue Funeral Hall, fundado como crematório público em 1938, apresentou uma abordagem mais moderna. As máquinas usavam combustível, o que permitia que as famílias cuidassem de tudo em um dia só (sem a necessidade de chaves). Defensores argumentavam que os crematórios deviam ser rebatizados de "centros funerários" e colocados em ambientes com jardim, como uma forma de "gerenciamento estético". Oitenta anos depois, o Mizue Funeral Hall continua funcionando e ainda se beneficia do "gerenciamento estético". O amplo complexo tem como limite um rio a oeste, jardins e um parquinho ao sul, e uma escola de ensino fundamental II e duas de fundamental I a leste.

Como Mizue, Rinkai, o crematório que visitei, oferece a experiência total da morte. Naquele dia, quatro salões funerários estavam preparados, com cerimônias marcadas ao longo do dia. Os funcionários de funerárias particulares chegaram bem antes das famílias com coroas de flores e outros enfeites para decorar a sala: bambus, plantas, esferas iluminadas (fiquei muito impressionada com as esferas iluminadas). A antropóloga social Hikaru Suzuki explicou que, no Japão moderno (assim como no Ocidente), "os profissionais preparam, arrumam e conduzem as cerimônias funerárias comerciais, deixando aos desolados familiares só as taxas a pagar".

Um dos entrevistados de Suzuki, um homem de 84 anos, lamentou a perda do ritual em torno da morte. Nos anos 1950, reclamou ele, todo mundo sabia exatamente o que fazer quando alguém morria; não era necessário *pagar* alguém para ajudar. "Veja as pessoas jovens hoje na presença da morte", disse ele. "A primeira coisa que fazem é chamar uma funerária. Elas agem como crianças indefesas. Uma situação constrangedora assim nunca aconteceria no passado." A parte verdadeiramente chocante, disse a esposa dele, é que "os jovens de hoje não parecem constrangidos por causa disso". Assim, além dos jovens não saberem nada sobre a morte, eles não parecem se importar.

Claro que as gerações mais novas erguem as sobrancelhas ao ouvirem as superstições das mais velhas. O mesmo homem admitiu que sua neta (estudante de medicina) zombou dele quando ele fez referência aos funerais do passado, em que "se uma mulher estivesse grávida, ela não podia chegar perto do falecido. Diziam que se um gato pulasse por cima da cabeça do falecido, o espírito maligno do animal entraria no cadáver e faria o corpo se erguer". Para impedir que o cadáver se transformasse em um gato zumbi do mal, bem, "o gato era mantido longe do morto...".

Cada um dos quatro salões de Rinkai foi arrumado para o funeral de diferentes mulheres idosas. Porta-retratos digitais com imagens das mulheres foram colocados na frente do salão, perto do caixão. No retrato dela, a sra. Fumi estava usando um suéter azul por cima de uma blusa de gola branca.

Em uma salinha lateral, a sra. Tanaka estava deitada, sem ter sido embalsamada, em um caixão lilás de cremação, com gelo seco[1] em volta do corpo para mantê-la fria. A família estava ao redor, as cabeças baixas. O funeral aconteceria das dez da manhã até o meio-dia do dia seguinte, seguido diretamente pela cremação.

Os idosos se reuniam em uma sala separada para fumar, segregados dos demais presentes. "Eu me lembro dos salões funerários antes das salas para fumantes", me disse Sato-san. "Misturar fumaça de cigarro com o incenso funerário era terrível."

O crematório em si, aonde os corpos eram levados depois dos funerais, era como o saguão de um prédio comercial elegante de Nova York, tudo feito de um imponente granito escuro. Era o Lexus novinho e cintilante em comparação à antiga picape Dodge dos Estados Unidos. Dez máquinas crematórias ficavam escondidas por trás de dez portas prateadas, meticulosamente polidas e sem manchas. Esteiras cinzentas de aço inoxidável depositavam os mortos em cada máquina. Era mais limpo e mais moderno do que qualquer crematório que eu já tivesse visto.

Os preços estavam expostos do lado de fora do crematório: cremar um bebê natimorto custava 9 mil ienes, uma única parte do corpo, 7.500 ienes, 2 mil para dividir os ossos de uma pessoa adulta em urnas separadas. Também exposta estava uma lista de itens que as famílias não podiam cremar junto dos seus entes queridos, inclusive (mas não apenas) celulares, bolas de golfe, dicionários, bichos de pelúcia grandes, imagens de Buda feitas de metal e melancias.

"Espere, melancias, é isso mesmo?"

---

[1]   *Não* do tipo usado em videoclipes de música dos anos 1980, que provocava fumaça.

"É o que está escrito!", disse Sato-san, dando de ombros. Mais ou menos três pessoas próximas da família, inclusive a pessoa mais próxima (provavelmente o marido ou o filho mais velho), acompanham o corpo até o crematório e o veem deslizar até a máquina. A família não assiste ao processo crematório em si, mas participa da recepção no andar de cima. Quando a cremação termina, eles saem do crematório e vão para três aposentos designados para o *kotsuage*.

Depois da cremação, um esqueleto fragmentado (mas completo) é tirado da máquina. Os crematórios ocidentais reduzem esses ossos a cinzas em pó, mas os japoneses tradicionalmente não o fazem. A família entra no *shūkotsu-shitsu*, ou sala de coleta de cinzas/ossos, onde o esqueleto de seu ente querido aguarda.

A família recebe pares de palitos, um feito de bambu, um feito de metal. A pessoa mais próxima começa com os pés, pegando os ossos com os palitinhos e colocando na urna. Outras pessoas da família se juntam a ele e continuam pelo esqueleto. O crânio não cabe na urna intacto, então o cremador deve intervir para quebrá-lo em fragmentos menores usando um palito de metal. O osso final, o hioide (o osso em forma de ferradura embaixo do maxilar) é colocado na urna por último.

Em *Devoradores de Sombras*, um brilhante relato não ficcional de duas mulheres assassinadas em Tóquio nos anos 1990, Richard Lloyd Parry descreve o funeral de uma australiana chamada Carita Ridgway. Os pais dela desconheciam o costume *kotsuage*.

> *...fizeram uma longa jornada a um crematório fora do centro de Tóquio. Despediram-se de Carita, que descansava em paz num caixão cheio de pétalas de rosas, e a observaram desaparecer atrás das portas de ferro da fornalha. Ninguém estava preparado para o que viria em seguida. Depois de uma pausa, eles*

foram conduzidos a uma sala do outro lado do prédio e cada um recebeu um par de luvas brancas e pauzinhos. Na sala, sobre uma chapa de aço, eles se depararam com os restos mortais de Carita saindo do calor da fornalha. A incineração era incompleta. Madeira, roupa, cabelo e carne haviam queimado, contudo os ossos maiores, das pernas e dos braços, bem como o crânio, estavam rachados, mas reconhecíveis. Em vez de uma simples caixa com cinzas, a família se viu diante do esqueleto calcinado de Carita. A tarefa da família, segundo a tradição de toda cremação japonesa, era retirar os ossos com os pauzinhos e colocá-los numa urna. "Robert não conseguiu fazer aquilo de jeito nenhum", revelou Nigel. "Disse que éramos monstros por considerar tal ideia. Mas, talvez porque fôssemos os pais, e ela, nossa filha... [...] Contando agora, parece macabro, porém não foi o que pareceu na época. Tinha um peso emocional. Quase fez com que eu me sentisse mais tranquilo. Tive a sensação de estar cuidando de Carita."[2]

O *kotsuage* não era parte da cultura da família Ridgway, mas, no momento mais difícil de suas vidas, deu a eles uma importante tarefa a ser completada por Carita.

Nem todos os ossos cabem na urna. Dependendo da região do Japão onde a mamãe foi cremada, a família pode levar os ossos e cinzas restantes para casa em uma sacola menor, separada, ou deixar no crematório. Os funcionários do crematório pulverizam os restos de ossos e os colocam em sacos, depois empilham os sacos fora da visão do público. Quando a pilha está grande o bastante, os ossos pulverizados são recolhidos por outro grupo especializado, os coletores de cinzas. De lá, elas são colocadas em túmulos grandes

2   Três Estrelas, 2015. Trad. Rogério Bettoni

nas montanhas, com dois metros e meio por três e mais de seis metros de profundidade. De acordo com a socióloga Hikaru Suzuki, os coletores de cinzas plantam cerejeiras e coníferas sobre os poços de cinzas. "Essas cerejeiras atraem muitos visitantes, mas poucos descobrem o segredo da beleza das árvores."

Bosques de cerejeira oferecem uma solução mais elegante do que o antigo método. No passado, as cinzas eram simplesmente enterradas na propriedade do crematório. Mas, com a ascensão de complexos mais elegantes, no estilo de parques como o Mizue Funeral Hall, a ideia de "jogar os ossos no quintal" passou a desagradar. Suzuki ouviu um grupo de coletores de cinzas ser chamado de *haibutsu kaishūsha*, ou literalmente "pessoa que recolhe o lixo". De acordo com ela, os cremadores "veem com desprezo os coletores de cinzas por serem meros trabalhadores braçais que não têm responsabilidade pelo espírito dos falecidos". Ter que lidar com o cadáver e a família é o que torna o funcionário de um crematório um "profissional".

Era uma distinção estranha, essa entre os cremadores e os coletores de cinzas. Nos meus anos trabalhando com cremação, essas duas funções eram uma só. O corpo entra na máquina como um cadáver e sai como ossos e cinzas. No Ocidente, onde não existe *kotsuage*, as famílias sofrem uma grande ansiedade diante da possibilidade de receber as cinzas erradas. Elas insistem na pergunta: "São mesmo as cinzas da minha mãe na urna?".[3] Depois de uma cremação, eu tento remover todos os fragmentos de ossos e de cinzas da máquina crematória. Ainda assim, alguns estilhaços de ossos caem em rachaduras e acabam sendo recolhidos em sacos. Na Califórnia, nós espalhamos o conteúdo desses sacos no mar. Eu sou tanto cremadora quanto coletora de cinzas, ao mesmo tempo "profissional" e "coletora de lixo".

Quando Sōgen Kato fez III anos, em 2010, ele se tornou o homem mais velho de Tóquio. Representantes do governo foram à casa dele para parabenizá-lo por esse marco impressionante. A filha de Kato não queria deixá-los entrar, alegando alternadamente que Kato estava em estado vegetativo persistente ou que estava tentando praticar *sokushinbutsu*, a antiga arte de automumificação dos monges budistas.

Depois de repetidas tentativas, a polícia entrou na casa à força e encontrou o corpo de Kato, que estava morto havia pelo menos trinta anos e há muito mumificado (mas ainda de cueca). Em vez de honrar o pai e levá-lo ao túmulo, a filha do sr. Kato trancou o corpo dele em um quarto no primeiro andar da casa da família. A neta dele foi citada como tendo dito: "Minha mãe disse 'Deixem ele aí', e ele ficou como estava". Ao longo dos anos, a filha de 81 anos embolsou mais de 100 mil dólares de aposentadoria dele.

O que a família de Kato-san fez foi impressionante, não só pela duração da fraude, mas porque demonstrou o quanto a visão japonesa do corpo morto mudou. Tradicionalmente, o cadáver era visto como impuro. Como o corpo era poluído, esperava-se que a família fosse ativa na execução dos rituais de purificar e reiniciar o corpo para um estado mais benigno e não ameaçador — *imiake*, ou "afastamento da poluição".

---

3   Sim, é ela.

Para uma pessoa viva hoje, a lista de rituais já executados para descontaminar os vivos e os mortos pode parecer infinita. Uma lista de destaques: beber saquê antes e depois de qualquer contato com o corpo; acender incensos e velas para que o fogo possa afastar a contaminação; ficar acordado com o corpo a noite toda para que nenhum espírito do mal entre no cadáver; esfregar as mãos com sal depois da cremação.

Em meados do século xx, mais pessoas começaram a morrer em hospitais, longe de casa. O envolvimento de mais profissionais teve como consequência a perda da noção pelos japoneses de que o corpo morto era impuro. As cremações aumentaram de 25% (na virada do século) para quase 100%. As pessoas achavam que a contaminação podia ser evitada ao enviar o corpo para as chamas. A mesma mudança ocorreu nos Estados Unidos, mas teve o resultado oposto. É desanimador que nos eua a profissionalização dos cuidados após a morte tenha levado a um medo do corpo maior do que nunca antes. Mais uma vez, um olhar através do espelho.

Em Yokohama, a segunda maior cidade do Japão, há o Lastel, uma mistura de Last + Hotel (último + hotel), o último hotel em que você vai se hospedar... porque você está morto. É um hotel para cadáveres. O gerente do Lastel, sr. Tsuruo, não nos levou por entre teias de aranhas à luz de velas, como se pode esperar que o proprietário de um hotel de cadáveres faça. Ele era engraçado e expansivo, apaixonado pelo local e pelo serviço que ele oferece. No final da minha visita, eu estava sussurrando no meu gravador: "Eu quero eu quero um hotel de cadáveres *eu quero um*".

O sr. Tsuruo nos levou até o elevador. "Este elevador não é para o público, claro", disse ele, se desculpando. "Só para a maca e os funcionários." O elevador estava tão limpo que dava para comer comida do chão. Nós saímos no sexto andar, numa sala de armazenamento refrigerado que pode guardar até vinte corpos.

"Eu queria uma coisa aqui que outros serviços não oferecem", explicou o sr. Tsuruo enquanto uma maca elétrica surgiu em uma esteira de metal, passou embaixo de um caixão branco, levantou o caixão do suporte e o levou até nós, na entrada.

As paredes eram cheias de portas de metal do tamanho de caixões. "Aonde levam?", perguntei.

O sr. Tsuruo fez sinal para o seguirmos. Nós entramos em uma salinha com incenso e alguns sofás. Havia um conjunto idêntico de portinhas de metal naquela sala, embora estivessem melhor disfarçadas. Uma porta se abriu, e o caixão branco apareceu.

Nós seguimos para três salas familiares diferentes, aonde, se você é parente, pode ir a qualquer momento do dia (o corpo fica lá, em média, por uns quatro dias) e pedir o corpo que está no armazenamento refrigerado. A pessoa da sua família vai estar no caixão, as feições colocadas levemente no lugar (sem embalsamamento) e vestida com um traje budista ou um terno mais moderno. "Talvez você não possa ir ao funeral", disse o sr. Tsuruo, "talvez você esteja trabalhando durante o dia, então você passa aqui para fazer uma visita e ficar com o corpo."

Uma das salas familiares era maior, com sofás grandes e confortáveis, uma televisão e vários buquês de flores. Era um lugar para passar um tempo com o morto, com conforto, sem os limites rigorosos de tempo impostos pelas funerárias americanas.

"Custa 10 mil ienes (85 dólares) a mais para usar essa sala grande", disse ele.

"E vale a pena!", eu respondi.

Ter esse período para visitar o corpo com a frequência que você quiser, sem reservas necessárias, pareceu elegante e civilizado. Antitético às regras de "você pagou por duas horas na sala de visitação e vai ter duas horas na sala de visitação" de uma funerária ocidental.

Em outro dos nove andares do Lastel havia uma sala de banho, limpa e branca. Havia uma estação de banho alta e elegante para "o último banho nesta Terra". A tradicional cerimônia do banho *yukan* foi revivida nos anos recentes e executada comercialmente para familiares próximos. O presidente de uma das empresas que reintroduziram o serviço disse: "A cerimônia do banho deve [ajudar a] preencher o vazio psicológico nas cerimônias funerais contemporâneas", porque levar o corpo para longe rapidamente "não oferece tempo suficiente para os parentes e amigos enlutados contemplarem a morte".

Na minha função de agente funerária eu descobri que tanto limpar o corpo quanto passar tempo com ele exercem um papel poderoso no processamento da dor. Isso ajuda as pessoas a verem o cadáver não como um objeto amaldiçoado, mas como um belo receptáculo que já abrigou seu ente querido. A famosa organizadora de lares japonesa Marie Kondo expressa uma ideia similar em seu best-seller *A Mágica da Arrumação: A Arte Japonesa de Colocar Ordem na sua Casa e na sua Vida*. Em vez de jogar tudo em um saco de lixo, ela sugere que você passe um tempo com cada objeto e "agradeça pelo serviço dele" antes de se livrar de alguma coisa. Alguns críticos acharam bobagem agradecer a um suéter apertado pelo serviço, mas o impulso na verdade vem de um lugar profundo. Cada separação é uma pequena morte e deve ser honrada. Esse conceito é refletido no relacionamento japonês com o cadáver. Não se deixa mamãe desaparecer na máquina crematória; você se senta com ela e agradece ao corpo — e a ela — pelo serviço como sua mãe. Só depois disso você a deixa partir.

O sr. Tsuruo deu continuidade à nossa visita nos levando por uma rua de paralelepípedos, na verdade, só um corredor no prédio do Lastel. A atmosfera era de vitrine de Natal com tema vitoriano no shopping center da cidade. No final do corredor ficava a porta da frente da "casa". O sr. Tsuruo nos ofereceu capinhas para botar em nossos sapatos.

"Aqui fica o funeral familiar no 'estilo sala de estar'", informou ele, abrindo a porta de um apartamento japonês normal (infelizmente não com temática vitoriana, como o corredor).

"Então isso aqui é o apartamento de alguém? Mas ninguém fica aqui?", eu perguntei, confusa.

"Sim, as pessoas ficam aqui. Dá para fazer o velório todo com o corpo aqui."

O apartamento tinha tudo para deixar uma família à vontade — micro-ondas, um chuveiro grande, sofás. Havia futons para até quinze pessoas passarem a noite dormindo. Em uma cidade grande como Yokohama, apartamentos familiares de verdade não são grandes o suficiente para acomodar parentes de fora da cidade, então a família pode se reunir ali para passar um tempo com o corpo.

Essa sala me encheu de emoção e inspiração. Há uma discussão difícil que raramente acontece entre diretores funerários norte-americanos: ver o corpo embalsamado é muitas vezes uma experiência desagradável para a família. Há exceções a essa regra, mas a família próxima quase não tem tempo relevante com o corpo (que, muito provavelmente, foi recolhido bem depressa depois da morte). Antes que a família tenha tempo de ficar com seu morto e de aceitar a perda, colegas e primos distantes chegam, e todo mundo é forçado a executar uma performance pública de dor e humildade.

Eu me perguntei como seria se houvesse lugares como o Lastel em todas as grandes cidades. Espaços longe da rígida norma cerimonial em que a família possa simplesmente ficar com o corpo, livre da performance requerida em uma visitação formal. Espaços seguros e confortáveis como um lar.

A história é cheia de ideias que chegaram antes da hora. Nos anos 1980, Hiroshi Ueda, um funcionário de uma empresa de câmeras japonesas, criou a primeira "vara extensora" de câmeras, permitindo que ele fizesse autorretratos em suas viagens. O extensor de câmeras foi patenteado em 1983, mas não vendeu. A geringonça pareceu tão banal que até saiu no livro de *chindōgu*, ou "invenções inúteis". (Outros *chindōgu*: sapatinhos para gatos, leques elétricos presos a palitinhos para esfriar seu prato de lámen.) Sem estardalhaço, a patente de Ueda expirou em 2003. Atualmente, cercado pelas massas portando paus de selfie como cavaleiros Jedi narcisistas, ele parecia incrivelmente calmo em sua derrota ao contar para a BBC: "Chamamos de invenção das três da madrugada — chegou cedo demais".

A história das mortes e funerais também é cheia de ideias à frente de seu tempo — as invenções das três da madrugada do Ceifador. Uma criação dessas surgiu na Londres dos anos 1820. Na época, a cidade estava buscando uma solução para o problema dos cemitérios urbanos lotados e fedorentos. As pilhas de caixões chegavam a seis metros embaixo da terra. Corpos parcialmente decompostos ficavam expostos à visão pública quando a madeira dos caixões era quebrada e vendida aos pobres como lenha. Essa lotação era tão visível para o londrino comum que o reverendo John Blackburn disse: "Muitas mentes delicadas devem adoecer por testemunhar o solo lotado, saturado e enegrecido com restos humanos e fragmentos dos mortos". Era hora de tentar outra coisa.

Propostas para a reforma do sistema de enterros de Londres começaram a surgir, inclusive uma de um arquiteto chamado Thomas Willson. Se falta de terra era o problema, Willson propunha que, em vez de cavar mais fundo para enterrar os corpos, Londres devia mandar seus mortos para cima, em uma pirâmide funerária enorme. Essa pirâmide seria feita de tijolos e granito, e situada no alto de uma colina — o que é agora a Primrose Hill, com vista para o centro de Londres. Teria 94 andares de altura, quatro vezes mais alta do que a catedral de St. Paul, e abrigaria 5 milhões de corpos. Vou repetir esse número: *5 milhões de corpos.*

A pirâmide ocuparia sete hectares de terra, mas seria capaz de receber o equivalente a quatrocentos hectares de corpos. A Pirâmide Gigante de Cadáveres de Willson (o nome verdadeiro era o absurdamente descolado Sepulcro Metropolitano) apelou para o entusiasmo dos londrinos por artefatos e arquitetura egípcios. Willson até foi convidado a apresentar sua ideia perante o Parlamento. Mas o público não abraçou o conceito. O *Literary Gazette* rotulou o projeto de "disparate monstruoso". O público queria cemitérios com jardins, queria empurrar os mortos para fora dos pátios lotados das igrejas do centro de Londres e os mandar para paisagens amplas onde pudesse fazer piqueniques e se encontrar com eles. Não queria um monte fúnebre gigante (cujo peso podia fazer a colina desmoronar), um monumento à decomposição, dominando a paisagem da cidade.

Tudo terminou em vergonha para Willson. A ideia da pirâmide foi roubada por um arquiteto francês. Depois de acusar o colega de roubo intelectual, ele foi processado por calúnia. Mas e se a ideia do Sepulcro Metropolitano tiver sido o pau de selfie da mortalidade, que chegou antes da hora? Cada passo gigante que damos para reorganizar os cuidados com os mortos vem com a ressalva de que a ideia pode acabar na pilha com outros *chindōgu*.

A cinco minutos da estação de Ryōgoku, na esquina do Sumo Hall, em Tóquio, fica uma das instalações funerárias mais tecnológicas do mundo. No seu horário de almoço, você pode pegar um trem, passar pelos lutadores com quimonos estampados e chegar em Daitokuin Ryōgoku Ryoen, um templo e cemitério multissensorial.

Daitokuin Ryōgoku Ryoen parece mais um prédio de escritórios do que um cemitério típico. A instalação exala uma aura corporativa, a começar pela relações-públicas bem-vestida que nos recebeu no saguão. Ela trabalhava para a Nichiryoku Co., a terceira maior funerária do Japão, mas número um em cemitérios cobertos e no mercado de túmulos. "Somos os pioneiros em instalações cobertas", explicou ela, "e a única funerária grande a estar listada no Tokyo Stock Exchange."

Meu favoritismo pelo "faça você mesmo" me levou a me identificar mais com a equipe do monge independente e peculiar dos Budas luminosos, mas eu tinha que admitir que a Nichiryoku Co. tinha encontrado um mercado. Nos anos 1980, o preço dos terrenos em Tóquio disparou. Nos anos 1990, um túmulo pequenino podia custar 6 milhões de ienes (53 mil dólares americanos). O mercado estava pronto para opções urbanas mais acessíveis e convenientes (digamos, um cemitério na saída do trem).

Claro que estar perto da estação de trem não é o que torna o cemitério tecnológico. O gerente da instalação nos levou para um tour, começando por um longo corredor com piso preto hiper-reflexivo e fortes luzes brancas no teto. Ao longo de cada parede havia salinhas individuais, com coberturas particulares feitas de vidro verde transparente. A impressão era a de um filme dos anos 1980 imaginando "o futuro", uma escolha de design que aprovei.

Dentro das salinhas, atrás do vidro, havia lápides de granito tradicionais. Cada pedra tinha um buraco retangular na base, do tamanho de um livro escolar. Havia flores frescas em um vaso, e um incenso esperava ser aceso. O gerente pegou um cartão magnético similar ao usado no columbário de Ruriden. Simulando o que uma pessoa da família faria, ele encostou o cartão no teclado eletrônico. "O cartão Sakura reconhece a urna", explicou ele. Portas de vidro se fecharam a esconderam a lápide.

Nos bastidores, havia magia acontecendo. Ouvi o zumbido seco do braço do robô tirando a urna do meio de 4.700 outras. Depois de um minuto, as portas de vidro se abriram e revelaram a lápide. O buraco retangular agora continha a urna, com um símbolo da família e o nome personalizado na frente. "A ideia é que muitas pessoas possam usar a instalação. Nós podemos acomodar o máximo possível", explicou o gerente. O local pode acomodar 7.200 urnas, e já está com mais da metade da ocupação. "Se você tem seu próprio túmulo em seu cemitério familiar, você tem que trocar as flores, acender o incenso. É muito trabalho. Aqui, nós fazemos isso tudo por você."

Claro que, para o familiar ou amigo realmente empolgado, há agora um serviço on-line que permite visitas virtuais a túmulos. Outra empresa de Tóquio, a I-Can Corp., apresenta uma experiência estilo The Sims na qual o túmulo virtual do seu ancestral aparece na tela em um campo verde. O usuário pode, de acordo com seu gosto, acender um incenso virtual, colocar flores, borrifar água na pedra e deixar frutas e copos de cerveja.

O presidente da I-Can Corp. reconheceu que "sem dúvida, é melhor fazer uma visita real aos seus ancestrais". Mas "nosso serviço é para quem acredita que é possível fazer sua homenagem na frente de uma tela de computador".

O monge principal de Daitokuin Ryōgoku Ryoen, Masuda jūshoku, parecia sempre relaxado, e como Yajima jūshoku, não tinha nenhum problema com o fato de o budismo misturar ideias velhas e novas. (Quando saímos, ele foi embora de bicicleta, com vestes completas, falando no celular.) A instalação foi um projeto de parceria entre o templo dele e a Nichiryoku Co. Anos de planejamento foram dedicados ao cemitério arranha-céu, que abriu para o público em 2013.

"Bem, você viu o local, e o que acha dele?", perguntou ele com ironia.

"É mais baseado em tecnologia do que qualquer cemitério que tenhamos nos Estados Unidos", respondi. "E tudo é tão limpo aqui, dos cemitérios às máquinas crematórias. Tudo é mais limpo e bem menos industrial."

"Bem, lidar com a morte ficou mais limpo", admitiu ele. "As pessoas tinham medo do corpo, mas nós o tornamos limpo. E os cemitérios ficaram como parques, arrumados e limpos."

Masuda me concedeu uma longa conversa sobre tendências de cremação no Japão e nos Estados Unidos. Nós discutimos sobre como os japoneses estavam se afastando do *kotsuage*, em que a família remove pessoalmente os ossos, passando a preferir que os funcionários do local moam os ossos e os espalhem. "Tradicionalmente, o povo japonês se preocupa com o esqueleto", explicou ele. "As pessoas executam o *kotsuage*, como você sabe. Elas gostam dos ossos, não querem cinzas."

"Então o que mudou?", perguntei.

"Há sensações que vêm com os ossos, responsabilidade pela alma. Ossos são reais", opinou Masuda. "As pessoas que espalham as cinzas estão tentando esquecer. Tentando botar de lado as coisas nas quais não querem pensar."

"Você acha isso uma coisa boa?", perguntei.

"Não acho que seja uma coisa boa. Você pode tentar tornar a morte uma coisa mais limpa, mas principalmente depois do grande terremoto, e com a taxa de suicídios tão alta, a morte está mais próxima. Há pessoas que tiram a vida antes dos 10 anos de idade. As pessoas estão começando a pensar na morte. Não dá mais para ignorá-la."

Houve uma época em que os japoneses temiam o cadáver como algo sujo e impuro. Eles superaram esse medo e começaram a ver o corpo no caixão não pelo que ele era, mas como a pessoa a *quem* pertencia — não um objeto amaldiçoado, mas um avô amado. Os japoneses fazem um esforço para integrar rituais com o corpo e garantir que a família tenha tempo suficiente na presença dele. Enquanto isso, países como os Estados Unidos fizeram o oposto. Antes, nós cuidávamos dos nossos cadáveres em casa. Antes do surgimento da classe profissional da morte, nós não tínhamos o medo que os japoneses tinham dos mortos, e nós valorizávamos a presença do cadáver. Mas, nos anos recentes, nos ensinaram a ver os mortos como sujos e impuros, e o medo do corpo morto físico aumentou, junto com nosso índice direto de cremação.

Além disso, e o que os distancia mais, é que os japoneses não tiveram medo de integrar tecnologia e inovação em seus funerais e memoriais. Nós não temos um único espaço como Ruriden com seus Budas iluminados, e nem como Daitokuin Ryōgoku Ryoen e seu sistema de localização por robôs. Nossas funerárias são consideradas tecnológicas se oferecem obituários on-line ou um *slideshow* de fotos durante o funeral.

No mínimo, o mercado funerário japonês pode provar para os países ocidentais que não é preciso escolher entre tecnologia e interação com o cadáver. Melhor ainda, é possível oferecer as *duas* opções para os clientes na sua funerária sem arruinar seu objetivo. E, sim, mais do que nunca, eu quero um hotel de cadáveres.

⁞ PARA TODA A ETERNIDADE ⁞
CAITLIN DOUGHTY

BOLÍVIA
LA PAZ

Paul Koudounaris estava usando um chapéu grande e peludo feito de pele de coiote, com as orelhas ainda grudadas nele. O chapéu, usado em combinação com as contas douradas penduradas na barba preta pontuda, o fazia parecer um Genghis Khan a caminho de uma convenção de peles.

"Acho que Doña Ely vai gostar do chapéu de coiote", explicou ele. "Ela veste o gato dela de Jedi." Na mente de Paul, era uma conexão perfeitamente razoável.

Doña Ely morava três quarteirões atrás do muro dos fundos do Cemitério Geral de La Paz, em uma rua de paralelepípedos, numa casinha comum com um único lençol puído pendurado na entrada. Muitas residências na rua tinham características similares: telhados de metal corrugado, paredes de madeira, piso de concreto. Mas a de Doña Ely era a única casa que tinha também uma estante com 67 crânios humanos usando gorrinhos iguais, prontos para concederem favores a seus muitos devotos fervorosos.

Os 67 crânios na casa de Doña Ely eram *ñatitas*. O nome se traduz como "narizes achatados" ou "os de narizinho chato", uma infantilização adorável do crânio. Ser uma *ñatita* é ter poderes especiais para conectar os vivos e os mortos.

Como Paul disse, "as *ñatitas* precisam ser crânios humanos, mas nem todo crânio pode ser uma *ñatita*".

Esses crânios não eram de amigos nem de familiares de Doña Ely. Eles apareceram para Doña Ely em sonhos, alertando-a de sua presença. Ela foi buscá-los em cemitérios lotados, mercados, sítios arqueológicos e escolas de medicina. Doña Ely age como a cuidadora especial deles, fazendo oferendas aos crânios em troca de ajuda com tudo, desde diabetes a dívidas.

Doña Ely reconheceu Paul na mesma hora; ele vem a La Paz fotografar *ñatitas* há onze anos. (E, para relembrar, Paul é bem marcante.)

"Dónde está su gato?", perguntou ele.

Doña Ely e Paul compartilham de duas ligações transculturais: uma, o amor óbvio por crânios, e outra, botar fantasias em seus gatos. Paul pegou o celular e começou a mostrar a Ely fotos de seu gato, Baba, vestido de "Os embalos de Gato à Noite", com um bigodinho, corrente de ouro no pescoço e peruca com permanente, e de "Florence Nighten-gato", com uniforme de enfermeira e estetoscópio.

"Aaaaah!", exclamou Doña Ely com prazer, reconhecendo uma alma gêmea.

Os crânios, por outro lado, usavam gorrinhos idênticos de algodão, de cor azul-clara, com seus nomes bordados na frente, como bebês em um berçário: Ramiro, Carlota, Jose, Wally (encontrei!). Não eram seus nomes originais; os nomes foram dados por Doña Ely quando os crânios viraram *ñatitas*.

Cada uma das *ñatitas* da Doña Ely tem personalidade distinta e dons distintos. Carlitos é o crânio a ser visitado por questões médicas; Cecilia ajuda alunos que estão na faculdade. Sete dos crânios, inclusive Maria e Cielo, eram crânios de crianças e bebês, então são especializados em questões infantis. Os crânios tinham folhas de coca na boca, e os espaços entre eles eram enchidos de balas com papéis coloridos. Outras oferendas feitas às *ñatitas* pelos estimados duzentos a trezentos devotos incluíam flores, garrafas de refrigerante, e melancias e abacaxis inteiros.

Certos crânios eram considerados mais poderosos, os mais influentes. Oscar ficava na prateleira de cima com um quepe de polícia. Oscar foi a primeira das *ñatitas* de Doña Ely, adquirida dezoito anos antes. "Nós tínhamos perdido nossa casa, não tínhamos trabalho nem dinheiro", explicou ela, "e Oscar nos ajudou a botar a vida nos trilhos." Doña Ely pode dizer com certeza que as *ñatitas* fazem milagres, porque vivenciou os milagres ela mesma.

Outra *ñatita* poderosa era Sandra, e foi fácil ver por quê. Pelo menos um quarto das *ñatitas* de Doña Ely não eram exatamente crânios, e sim cabeças mumificadas, e Sandra era a *pièce de résistance*. Ela tinha uma das cabeças mais elegantemente preservadas que já vi, bochechuda e sorridente. Uma pele como couro cobria o rosto todo, inclusive os lábios, que pareciam se curvar em um sorriso jovial. Duas grossas tranças grisalhas desciam pelas laterais da cabeça. Até o nariz dela estava intacto (raro, o que não a qualificava como tendo um "nariz achatado"). Em um gesto feminista, a especialidade de Sandra era finanças e negócios.

Paul se aproximou para tirar fotos de Sandra. "Ah, aqui", disse Doña Ely, sentindo que ele estava tentando tirar uma foto mais próxima. Ela pegou Sandra na prateleira e tirou o gorrinho escrito "Sandra", revelando a extensão da conservação. Doña Ely olhou ao redor, procurando um acessório melhor para o close. Quando foi buscar, ela entregou Sandra para mim.

"Ah, tudo bem, claro", balbuciei, desajeitada.

Quando segurei Sandra, vi as pálpebras dela e um conjunto completo de cílios claros e compridos. Se ela tivesse sido adquirida por um museu médico ou histórico nos EUA, um vidro nos separaria. Em La Paz, éramos só eu e... ora, a pobre Sandra.

Doña Ely voltou com um chapéu alto e ajeitou-o na cabeça de Sandra. Paul estava tirando fotos. "Ótimo, segure Sandra mais perto de você, pronto", disse ele. "Caitlin, você pode sorrir um pouco? Você está tão tensa."

"Isso é uma cabeça humana. Eu não preciso de fotos minhas sorrindo com uma cabeça humana decepada", reclamei.

"Sandra está sorrindo bem mais do que você. Tente parecer um *pouco* menos melancólica, por favor."

Depois que devolvi Sandra à prateleira e nos preparamos para ir embora, reparei numa pilha novinha de gorrinhos azul-petróleo empilhados junto à porta. Uma mulher esperando sua vez para se consultar com as *ñatitas* de Doña Ely explicou: "Ah, elas ganham uma cor nova todos os meses. Mês passado foi laranja. Estas são as novas. Eu gosto dessa cor. Vai ficar bem nelas".

Doña Ely tem uma coleção significativa de *ñatitas* ("Eu já fotografei ossários com menos crânios do que a casa de Doña Ely", disse Paul), mas as *ñatitas* mais conhecidas pertencem a Doña Ana. Sinceridade absoluta: eu nunca vi Doña Ana. No dia que fizemos a visita, um aposento cheio de gente esperava em volta de um caldeirão enorme de ferro batido para poder ter uma audiência com ela. As *ñatitas* de Doña Ana falam nos sonhos dela, e com base no seu problema ela diz qual crânio consultar (Jose Maria, Nacho, Angel, Angel 2 e o popular Jhonny).

Cada uma das 24 *ñatitas* de Doña Ana estava em cima de uma almofada cintilante em sua respectiva caixa com vidro na frente. Usavam chapéu de safári com flores na barra. Bolas de algodão tinham sido enfiadas nas órbitas. Tiras de papel-alumínio cobriam os dentes de cima e de baixo, como protetores de metal.

"Para que o alumínio?", perguntei a Paul.

"Para proteger os dentes quando eles fumam", disse ele.

"Eles fumam?"

"Por que não fumariam?"

A Igreja Católica Romana, de modo geral, nunca gostou da presença das *ñatitas* em La Paz. No passado, padres celebrando a anual *Fiesta de las Ñatitas* anunciaram para multidões em busca de bênçãos que "crânios tinham que ser enterrados" e "não deviam ser venerados".

No primeiro ano em que Paul foi fotografar a *Fiesta*, as pessoas chegaram e encontraram a igreja no Cemitério Geral trancada, com um cartaz dizendo que nenhum crânio seria abençoado. As pessoas protestaram, andando pelas ruas, carregando suas *ñatitas* no ar e cantarolando: "Queremos bênçãos". A igreja abriu as portas.

O arcebispo de La Paz, Edmundo Abastoflor, é um discordante bem eloquente do assunto das *ñatitas*. "Claro que é", disse Paul com deboche. "As *ñatitas* o constrangem. Fazem parecer que ele não tem controle sobre sua própria diocese."

Mulheres como Doña Ana e Doña Ely representam uma ameaça para a Igreja Católica. Por meio de magia, crença e suas *ñatitas*, elas facilitam uma ligação direta e sem mediação com os poderes do além, sem necessidade de um intermediário masculino. Lembrou-me da Santa Muerte, a santa mexicana da morte, que é descaradamente mulher. Ela carrega uma foice, e sua veste comprida tem cores vívidas, caindo sobre a silhueta de esqueleto.

Para a decepção da Igreja, os devotos de Santa Muerte se espalharam pelo sudoeste dos Estados Unidos, indo para o norte a partir do México, onde ela tem dezenas de milhões de seguidores. O poder dela é associado a foras da lei, aos pobres, à comunidade LGBT, a criminosos — qualquer um afastado do seio rigoroso do catolicismo.

Não podemos taxar o catolicismo como o único sistema de crenças com histórico de dispensar a função das devotas mulheres. Independentemente do lugar mais igualitário da mulher no budismo moderno, as antigas escrituras falam de Buda encorajando sua comunidade de monges homens a fazerem viagens a ossários a céu aberto para meditar sobre corpos de mulheres em decomposição. O motivo para essas "meditações sobre podridão" era liberar o monge de seu desejo por mulheres; elas eram, como a estudiosa Liz Wilson diz, "obstáculos sensuais". A esperança era de que a meditação sobre o ossário tirasse das mulheres suas qualidades desejáveis para que os homens percebessem que elas eram apenas sacos de carne cheios de sangue, tripas e secreções. Buda foi explícito ao alegar que o fingimento da mulher não estava em seus acessórios, como maquiagem e vestidos, mas no traje fraudulento da pele, purgando dissimuladamente líquidos grotescos de seus orifícios.

Claro que essas silenciosas mulheres em decomposição dos ossários a céu aberto não tinham permissão de ter necessidades, desejos ou viagens espirituais próprias a fazer. Wilson novamente explica que "em seu papel de professoras, elas não emitem uma única palavra. O que elas têm a ensinar não é o que está em sua mente, mas o que está acontecendo em seu corpo". Os cadáveres dos ossários são meros objetos, destruidoras de ilusões sobre as quais meditar e assim conquistar o status de "digno".

Esse não era o caso da residência de Doña Ana, onde as mulheres e suas vidas e problemas interiores eram colocados em posição de destaque. Nada romântico, financeiro ou doméstico era descartado como assunto trivial. As *ñatitas* dela estavam na sala da frente da casa, as paredes cobertas do chão ao teto de jornal. Devotos haviam levado oferendas de flores e velas. Paul e eu levamos velas brancas cônicas, compradas em um quiosque de beira de estrada. Eu achei que entregaríamos as velas como presente, mas um dos devotos de Doña Ana insistiu que as acendêssemos como oferenda. Agachados no chão de concreto, Paul e eu queimamos as duas velas na parte de baixo, derretendo a cera para fazê-las grudarem em pratos de metal. Elas ficavam caindo, e provocamos o caos com a tarefa, evitando por pouco um fogaréu.

Como nós levamos as oferendas, achei que era melhor eu falar com uma das *ñatitas*. Pedi a Nacho para influenciar a eleição presidencial americana, que aconteceria no dia seguinte. Só posso supor que Nacho não era a *ñatita* certa para questões políticas dos Estados Unidos ou que o inglês dele estava enferrujado.

Uma jovem estava sentada entre as *ñatitas*, com um garotinho nos braços. "É minha primeira vez aqui", admitiu ela.

"Uma amiga me contou que ajudaria com a universidade e também a manter meu menino protegido, e aqui estou eu."

Uma noite, no jantar, Andres Bedoya, amigo de Paul e artista de La Paz, me avisou que eu "não devia cometer o erro de pensar que somos uma cultura homogênea aqui na Bolívia". Os trabalhos mais recentes dele são mortalhas funerárias, cada uma precisando de cinco meses para ser criada, todas feitas à mão com couro, pregos e milhares de discos dourados. "Os artesãos da Bolívia às vezes são vistos com desprezo, como se o que produzem não fosse arte 'real'. É arte, claro, e deixo que isso me inspire."

Andres criou as mortalhas para museus e galerias. Ao criar essa "roupa para fantasmas", ele ritualiza sua própria dor e a dor de outros. Ele não se oporia a enterrar alguém envolto nas mortalhas, mas ainda não fez isso. Os bolivianos podem não ser homogêneos, mas os costumes funerários em La Paz tendem a seguir padrões prescritos. Um velório solene de dia inteiro acontece em casa ou na funerária. As famílias contratam um serviço local para entregar um caixão, junto com cruzes e flores que se acendem em roxo

néon (a cor boliviana da morte). "Algumas pessoas pensam que o roxo luminoso é brega ou cafona, mas eu adoro", confessou Andres. O enterro acontece no dia seguinte. O caixão é carregado por um quarteirão atrás do rabecão, antes de ser colocado nele e levado para o cemitério.

A mãe de Andres morreu 22 anos atrás, e foi desejo dela ser cremada. A cremação em La Paz está crescendo em popularidade, mas até recentemente era desafiador cremar corpos com efeito lá. A 3.600 metros, La Paz é a capital de maior altitude no mundo. Os fornos "não ficavam quentes o suficiente, não havia oxigênio o suficiente", explicou Andres. As máquinas de hoje alcançam temperaturas bem mais altas e conseguem cremar um corpo completamente.

Agora que a tecnologia está disponível, Andres considerou exumar o corpo da mãe para honrar o desejo dela de ser cremada. Infelizmente, o cemitério exigiria que ele fosse identificar o corpo exumado pessoalmente. "Claro, eu me lembro do que ela estava usando quando a enterramos, mas preferiria não ter a lembrança dos ossos dela. Eu não preciso carregar isso comigo", disse ele.

Foi o interesse pela morte que levou Andres a explorar a cultura das *ñatitas*. O dia 8 de novembro é o da *Fiesta de las Ñatitas*, uma oportunidade para os donos de *ñatitas* levarem seus crânios e exibi-los. A festa não é para os donos, mas para os crânios, deixando claro que as *ñatitas* são estimadas e valorizadas pelo trabalho que fizeram ao longo do ano. "As pessoas costumam ser românticas e dizem que o festival devia permanecer intocado. Mas, se ficasse completamente intocado, você e eu não poderíamos chegar perto dele", diz Andres.

Embora desconhecido na maior parte do mundo, "o festival quase entrou no âmbito da cultura pop aqui", explicou ele. O Cemitério Geral, onde a *Fiesta de las Ñatitas* acontece, já foi um cemitério para ricos, mas agora eles se deslocaram para o sul. A cidade fez tentativas recentes de revitalizar o cemitério, encomendando murais de artistas de rua para as laterais dos mausoléus e encorajando o turismo local. No Dia de Todos os Santos, uma peça é encenada à noite, e milhares de habitantes vão assistir.

A persistência das *ñatitas* em La Paz acontece graças ao povo aimará, o segundo maior grupo indígena da Bolívia. A discriminação contra os aimarás foi intensa durante anos. Até o final do século xx, era suposto que as mulheres aimarás urbanas, conhecidas como *cholitas*, tivessem sua entrada negada em certos órgãos do governo, restaurantes e ônibus. "Eu tenho que dizer, a Bolívia não é um país seguro para as mulheres, ponto", declarou Andres. "Nós somos o país mais pobre da América do Sul. Temos uma palavra especial, *feminicídio*, que quer dizer um homicídio em que uma mulher foi o alvo e morreu por ser mulher, normalmente cometido pelo parceiro."

Houve uma melhora tangível nos últimos dez anos. O presidente da Bolívia, Evo Morales, é aimará, e a igualdade para as muitas etnias da Bolívia era uma parte importante da plataforma dele. As *cholitas* estão agora recuperando sua identidade, inclusive sua moda — saias de muitas camadas, xales e chapéus-coco altos e precariamente equilibrados na cabeça. Elas também estão entrando na vida pública, não como criadas, mas como jornalistas e funcionárias do governo. No final da *Fiesta de las Ñatitas*, quando o cemitério fecha seus portões, as *cholitas* executam danças folclóricas pelas ruas, a caminho de festas variadas. "Ano passado, os trajes delas, tão ligados a essa noção de subserviência, foram confeccionados com estampa de camuflagem militar. Os homens ficaram *putos*", disse Andres, rindo. Ele fez fotos das *cholitas* naquele dia. "O folclore não é só histórico em La Paz. É contemporâneo. Está sempre inovando."

Apesar da crescente aceitação do povo aimará e das *ñatitas*, quando perguntam aos bolivianos se eles têm uma *ñatita* em casa ou se acreditam nos poderes delas, muitos ainda dizem "Ah, não, não, não, eu tenho medo delas!". Eles não querem parecer maus católicos. Ainda há um aspecto clandestino na prática. Muitos outros bolivianos (até a classe profissional, como quiropratas e banqueiros) têm *ñatitas* e não admitiriam publicamente.

"Mas os donos são católicos praticantes", comentou Paul. "Eu nunca fotografei uma casa com uma *ñatita* que não tivesse uma imagem de Jesus ou da Virgem Maria na parede."

"Isso é parte do motivo de a Bolívia ser tão esquisita, para ser sincero", refletiu Andres. "Eu estava discutindo com um amigo recentemente sobre como não somos uma 'mistura' de crenças católicas e indígenas — elas só acabaram juntas por acaso." Ele juntou as costas das mãos, criando uma forma esquisita, monstruosa. "O escritório da minha irmã ainda tem um *yatiri* [curandeiro ou médico bruxo] que vai fazer a limpeza do ambiente. Meu pai era geólogo, e, quando eu era pequeno, visitava as minas com ele. Em uma dessas idas, eu testemunhei o sacrifício de uma lhama porque os mineiros exigiram. Eles queriam deixar El Tío, o governante do mundo inferior, feliz. Esses traços de magia ainda estão por toda parte."

Na manhã de 8 de novembro, Ximena colocou a bolsa da Disney, com a imagem do Mickey Mouse e do Pato Donald jogando futebol, na entrada de concreto do lado de fora da igreja do Cemitério Geral. Uma a uma, ela tirou quatro *ñatitas* e as arrumou sobre uma tábua de madeira. Eu pedi que ela as apresentasse para mim. Seu crânio mais antigo pertenceu a Lucas, o tio dela. Eu mencionei que os crânios costumam ser de estranhos, mas às vezes podem ser de integrantes da família da pessoa. "Ele protege a minha casa de roubos", explicou ela.

Cada uma das *ñatitas* de Ximena tem um gorro trançado, coroado por flores. Ela os leva para a *Fiesta de las Ñatitas* há muitos anos. "Você as traz para agradecer a elas?", perguntei.

"Bem, para agradecer, sim, mas na verdade é o dia delas. É a comemoração delas", ela me corrigiu.

No meio de nossa conversa, a porta da frente da igreja se abriu e a multidão entrou com seus crânios, tentando chegar o mais perto possível do altar. Os frequentadores mais novatos ficaram para trás, esperando com hesitação nos bancos, mas as mulheres idosas e experientes abriram caminho e ajudaram os amigos a passar os crânios por cima da multidão até a frente.

À esquerda do altar, havia uma escultura de tamanho real de Jesus deitado em uma caixa de vidro. Ele estava sangrando copiosamente pela testa e pelas bochechas. Os pés ensanguentados apareciam embaixo de um lençol roxo. Uma mulher carregando uma *ñatita* em uma caixa de wafer de chocolate parou aos pés dele e fez o sinal da cruz, depois seguiu pela multidão na direção do altar.

Apesar da relação controversa com a Igreja Católica, o padre que estava diante das pessoas hoje usou um tom surpreendentemente conciliatório. "Quando se tem fé", disse ele, "não se tem que responder a ninguém. Cada um de nós tem uma história diferente. Essa é uma comemoração de aniversário, de certa forma. Estou feliz de estarmos todos juntos, é um pedacinho de felicidade."

Uma jovem, espremida ao meu lado na multidão, explicou a aceitação do padre em relação aos crânios assim: "Esse festival ficou tão grande agora que até a Igreja teve que se curvar a ele".

Os crânios e seus donos saíram pelas duas portas laterais da igreja. Junto a cada porta havia um balde de pintor cheio de água benta. Rosas de plástico serviam de aspersório, borrifando água benta nas *ñatitas* quando passavam. Algumas *ñatitas* usavam óculos de sol, outras, coroas. Algumas *ñatitas* tinham altares elaborados, construídos especialmente para elas; outras vinham em caixas de papelão. Uma mulher tinha uma *ñatita* bebê em um lancheira térmica de tecido. As *ñatitas* receberam suas bênçãos.

A Bolívia não é o único lugar em que os crânios fizeram a ligação entre pessoas de fé e o divino. A ironia por trás do desdém da Igreja pela prática é que os católicos europeus usaram relíquias e ossos santos como intermediários por mais de mil anos. As *ñatitas* tinham propósito similar a outros crânios que conheci vários anos antes, em uma ida a Nápoles, na Itália.

"Você é inglesa?", perguntou meu taxista napolitano.

"Quase."

"Holandesa?"

"Americana."

"Ah, americana! Para onde devo levar você?"

"Para o Cimitero delle Fontanelle..." Nesse momento, consultei meu itinerário amassado. "Em Materdei, via Fontanelle."

Pelo retrovisor, vi as sobrancelhas do motorista subirem.

"Catacumbas? No cemitério? Não, não, não, você não quer ir lá", insistiu ele.

"Não?", perguntei. "Não abre hoje?"

"Você é uma jovem bonita. Está de férias, não? Você não quer ir às catacumbas. Isso não é para você. Vou levar você à praia. Nápoles tem muitas praias bonitas. Para que praia levo você?"

"Eu não sou do tipo que vai à praia", expliquei.

"É do tipo que vai a catacumbas?", perguntou ele em resposta.

Agora que ele tinha mencionado, percebi que era. Isso se o tipo que vai a catacumbas pudesse ser uma pessoa não morta.

"Obrigada, cara, mas vamos mesmo para o cemitério Fontanelle."

Ele deu de ombros, e seguimos pelas colinas sinuosas de Nápoles.

Chamar Fontanelle de cemitério é enganação, pois na verdade é pouco mais do que uma grande caverna branca — uma mina de tufo, na verdade. (Tufo é a pedra formada de cinzas vulcânicas.) Durante séculos, essa caverna de tufo foi usada para enterrar os mortos pobres e anônimos de Nápoles, das vítimas da peste no século XVII às mortes por cólera em meados dos anos 1800.

Em 1872, o padre Gaetano Barbati assumiu como missão arrumar, empilhar, separar e catalogar os ossos enfiados no cemitério Fontanelle. Voluntários da cidade foram ajudar, e, como bons católicos, oraram pelos mortos anônimos enquanto empilhavam crânios em uma parede, fêmures em outra. O problema foi que as orações para os crânios não ficaram nisso.

Espontaneamente, um culto de devoção surgiu em torno dos crânios anônimos. Os habitantes iam a Fontanelle para visitar seus *pezzentelle*, ou "pobrezinhos". Eles "adotavam" certos crânios, limpavam-nos, construíam templos, levavam oferendas e pediam favores. Os crânios ganhavam nomes novos, revelados a seus donos em sonhos.

A Igreja Católica não ficou feliz. Até fecharam o cemitério em 1969, com o arcebispo de Nápoles declarando que o Culto aos Mortos era "arbitrário" e "supersticioso". De acordo com a Igreja, era possível orar para as almas presas no purgatório (como aqueles mortos anônimos), mas os mortos anônimos não tinham poderes especiais e sobrenaturais para conceder favores aos vivos. Os vivos discordavam.

A estudiosa Elizabeth Harper observou que o Culto aos Mortos era mais forte e "mais evidente durante épocas de dificuldades: principalmente entre mulheres afetadas por doenças, desastres naturais ou guerra". O fator mais importante era que aquelas mulheres "não tinham acesso a poder e recursos dentro da Igreja Católica". (Essa ideia também foi sustentada por Andres Bedoya, o artista residente a 10.500 quilômetros dali, em La Paz, que descreveu as *ñatitas* como algo poderoso para aquelas mulheres "cuja ligação com o além não estava sendo atendida adequadamente pela Igreja Católica".)

Por mais vigilante que a Igreja pudesse ter sido desde a reabertura do cemitério Fontanelle em 2010, o Culto aos Mortos não desapareceu. Dentre um mar de ossos brancos, brilhos de cor se destacavam. Terços de plástico de cores néon, velas vermelhas de vidro, moedas douradas, cartões de oração, bonecos de plástico de Jesus e até bilhetes de loteria estão espalhados pelas ruínas. Uma nova geração do Culto dos Mortos encontrou seus *pezzentelle* mais poderosos.

Às onze da manhã, a *Fiesta de las Ñatitas* estava lotada. As fileiras de túmulos estavam cobertas de *ñatitas* abençoadas, agora aceitando oferendas de folhas de coca e pétalas de flores. A polícia patrulhava os portões de entrada do cemitério, revistando bolsas em busca de álcool (a violência relacionada à bebida levou à criação de novas *ñatitas*). Na ausência de álcool, os crânios tinham que se permitir outros vícios. Cigarros acesos queimavam até chegar aos dentes manchados de nicotina.

"Você acha que eles gostam de fumar?", perguntei a Paul.

"Bem, obviamente gostam", disse ele, sem me dar muita atenção antes de desaparecer no meio da multidão, usando o chapéu de coiote.

Uma mulher dançou com sua *ñatita* ao som alto de um acordeão, um violão e um tambor de madeira ao vivo, jogando o crânio no ar e balançando os quadris. Esse era o dia do crânio, a comemoração dele.

Um homem estava sentado com o crânio do pai. Em algum momento, o pai dele esteve enterrado bem ali, no

Cemitério Geral. Isso me obrigou a refletir: se o pai dele foi enterrado, como o filho pegou o crânio de volta, o crânio que agora usava óculos de armação metálica e sete coroas de flores empilhadas na cabeça?

Quando andei pelo cemitério, vi túmulos vazios cercados de vidro quebrado e fragmentos de concreto. Pedaços amarelados de papel estavam presos na frente das tumbas, com notificações que anunciavam alguma versão de "ÚLTIMO AVISO: Mausoléu, 4 de janeiro. Aos parentes do falecido: (insira o nome aqui)...".

O que vinha em seguida era uma mensagem dizendo que as famílias deixaram de pagar o aluguel para manter o corpo do papai no mausoléu. Como resultado, ele seria despejado. Talvez fosse para um túmulo comunitário. Ou talvez fosse devolvido à família, agora em forma de esqueleto, para se tornar uma *ñatita*.

Quando me agachei para examinar uma *ñatita* mumificada, com o lábio curvado em uma distinta expressão de desprezo estilo Elvis Presley, uma mulher da minha idade apareceu ao meu lado. Em inglês quase perfeito, ela disse: "Então você é do outro lado da poça e deve estar pensando 'Que porra é essa?'".

O nome dela era Moira, e ela ia todos os anos à *Fiesta* com um amigo, que tinha duas *ñatitas* em casa. A primeira *ñatita*, a mais poderosa, apareceu para ele em sonho. No sonho, ela dizia para ele que o estaria esperando no campo. Ele foi até lá e a encontrou, e deu-lhe o nome de Diony. Depois veio Juanito. As pessoas vão à casa dele o ano todo para visitá-las.

"Minha irmã perdeu o gato", disse Moira. "Ela é solteira, e o gato é como um bebê para ela. Durante quatro dias o gato não voltou."

A irmã foi se consultar com a *ñatita* Diony, para pedir ajuda para encontrar o amado felino. Em sonho, Diony revelou que o gato estava na parte de trás de um carro abandonado, com plantas crescendo dentro.

"No alto da colina atrás de onde minha irmã mora tem um carro abandonado que está lá há quinze anos. E lá estava o gato idiota, preso em um buraco na parte de trás do carro!

"Isso foi uma semana atrás", explicou Moira, "e, por garantia, minha irmã também pediu a Diony para assustar o gato, para que ele nunca mais fuja. Agora, ele não passa do limite do quintal, como se estivesse sendo puxado de volta por uma coleira."

Eu perguntei se Moira acreditava que o poder do crânio realmente tinha encontrado o gato. Ela pensou por um momento. "É a fé que as pessoas têm quando perguntam. É isso que importa."

Moira pensou mais e acrescentou, sorrindo: "Não sei dizer se foi coincidência ou não. De qualquer modo, nós encontramos o gato!".

Qualquer oração atendida pode ser vista como coincidência ou não. Eu não estava em La Paz para determinar se as *ñatitas* tinham poderes mágicos verdadeiros. Estava mais interessada em mulheres como Doña Ely e Doña Ana, e nas centenas de outras pessoas na *Fiesta* que usavam o consolo da morte para tirar o acesso direto ao divino das mãos dos líderes homens da Igreja Católica. Como Paul disse bruscamente, os crânios são "tecnologia para pessoas desfavorecidas". Nenhum problema — seja amor, família ou escola — é pequeno demais para uma *ñatita*, e nenhuma pessoa é deixada para trás.

PARA TODA A ETERNIDADE
CAITLIN DOUGHTY

CALIFÓRNIA
JOSHUA TREE

Às vezes você visita cadáveres por todo o mundo e percebe que os cadáveres mais queridos estão bem no seu quintal. Quando voltei a Los Angeles, minha agência funerária aguardava — junto com minha diretora funerária sofredora, Amber, que facilitou cremações e consolou famílias abaladas enquanto eu estava fora pedindo ajuda com fundos de investimento para um crânio boliviano.

A Undertaking LA tinha um enterro natural sem embalsamamento marcado para a sra. Shepard. Inspirada pelo que vi nas minhas viagens, voltei ao trabalho com uma nova sensação de propósito. Na minha mente, a família em sofrimento prepararia o corpo com amor, embrulhando a falecida em uma mortalha feita à mão com penas de pavão nas bordas e folhas de palmeira. Nós faríamos uma procissão até o túmulo no alvorecer, carregando velas e espalhando pétalas de flores, cantarolando no caminho.

Esse enterro, bem, não foi assim.

Quando levamos a sra. Shepard para nossa sala de preparação do corpo, ela estava morta havia seis semanas, fechada num saco de plástico e em refrigeração no necrotério de Los Angeles Amber e eu ficamos dos dois lados dela na hora de abrir o saco. Tinha mofo crescendo embaixo dos olhos, descendo pelo pescoço e ombros. O estômago estava afundado, em um tom verde-água escuro (gerado pela decomposição das hemácias). As camadas superiores da pele se soltaram das panturrilhas. O saco parecia um pântano, banhando a sra. Shepard no próprio sangue e em fluidos corporais.

Nós a libertamos da prisão de plástico e lavamos o corpo, a água com sabão escorrendo pela mesa de aço e desaparecendo por um buraquinho perto dos pés. Amber lavou o cabelo dela, originalmente branco, mas agora marrom de sangue, se esforçando para trabalhar em volta dos pedaços de mofo crescendo no couro cabeludo. Nós trabalhamos em silêncio; algo no estado decomposto do corpo nos deixou menos faladoras do que o habitual. Depois de secar a sra. Shepard, ficou claro que ela não tinha parado de purgar líquidos. Se a Undertaking LA fosse uma funerária típica, nós teríamos todos os tipos de truque na nossa manga (plástico PVC, fraldas, pós químicos, até roupas de plástico que cobriam da cabeça aos pés) para combater o "vazamento". Mas um cemitério natural não vai aceitar um corpo para enterro tendo sido tratado com qualquer uma dessas soluções químicas.

Nós colocamos a sra. Shepard direto na mortalha, torcendo para enrolá-la o suficiente a ponto de não vazar. Amber tinha usado tecido de algodão sem tingimento para fazer a mortalha. A família tinha pouco dinheiro, e nós estávamos tentando diminuir os custos onde fosse possível. No dia anterior, eu recebi uma mensagem de Amber: uma foto de um recibo do JoAnn's Fabrics com a legenda: "Adivinha quem economizou 40% para a família na mortalha funerária usando os pontos da JoAnn's?!". O produto final era encantador, com amarras e alças (mas sem penas de pavão nem folhas de palmeira).

Uma sra. Shepard embrulhada na mortalha foi colocada na parte de trás de uma van e levada por duas horas e meia para o leste de Los Angeles, por Inland Empire (um ilusório nome estilo Tolkien para o que é essencialmente um amontoado de subúrbios), e finalmente até o deserto do Mojave. Dá para saber quando chegamos ao deserto não pela mudança de paisagem, mas pelos outdoors de cassinos, anunciando apresentações de um elenco rotativo de celebridades não tão relevantes. (Nesse trajeto em particular: Michael Bolton e Ludacris.) Só aí estamos realmente no deserto, entre árvores de Josué, *Yucca brevifolia*, com os braços esticados na direção do céu em poses estapafúrdias, estilo Dr. Seuss.

O Joshua Tree Memorial Park não foi criado para ser um cemitério natural. Fizeram o que muitos cemitérios (de certa forma) estão fazendo, e dedicaram uma parte do terreno para oferecer enterros naturais. A distância até o Joshua Tree é muitas vezes proibitiva para uma família de Los Angeles. Nós preferiríamos manter nossos mortos mais perto de casa, mas onde? O Forest Lawn Memorial Park, um dos locais de enterros de celebridades em Los Angeles, insiste em caixas pesadas em volta dos caixões e não oferece enterros naturais. Eles abrem exceções para judeus e muçulmanos, duas religiões que exigem o enterro natural dos corpos. Nesses casos, eles aceitam abrir buracos no concreto da caixa para que uma terra simbólica penetre lá dentro.

Uma seção natural foi aberta recentemente no Woodlawn Cemetery, em Santa Monica. Mas, para comprar um lote lá, você vai pagar um valor de vários milhares de dólares de tarifa "verde", apesar de um enterro natural ser mais fácil de realizar (se você precisar ir gritar de frustração em um travesseiro, eu espero).

A seção de enterros naturais de Joshua Tree abriu em 2010. Sessenta lotes funerários foram separados, sendo que quarenta estão ocupados agora, em uma área envolta por uma cerca baixa de madeira. A seção de enterros naturais, pequenina em comparação ao amplo deserto em volta, acentua ainda mais como nossas políticas modernas de enterro são absurdas. O mundo costumava ser nosso cemitério. Nós enterrávamos os corpos em fazendas, ranchos e pátios de igreja — em qualquer lugar que quiséssemos, na verdade. Alguns estados ainda permitem enterros em propriedades particulares. Mas a Califórnia não é um deles, e nossos cadáveres precisam ser levados a pequenos cercadinhos no deserto.

Um dos sacerdotes que conheci no Japão, Masuda jūshoku, tinha ouvido falar que o índice de cremações nos Estados Unidos estava aumentando em parte por causa do medo de ficarmos sem terra onde enterrar as pessoas. Ele não compreendia isso. "Da minha perspectiva japonesa, os Estados Unidos são um país grande. Tem *tanta* terra para todo lado que seria fácil construir cemitérios e túmulos grandes."

Alguns imaginam um enterro "verde" e precisam que essa diretiva seja literal: colinas verdejantes, florestas densas, um enterro embaixo de um salgueiro. O Joshua Tree, com seus

cactos cholla corpulentos, seus arbustos de creosoto e malvas lutando para viver no solo arenoso, pode parecer uma paisagem desolada, não um lugar de regeneração mística.

Mas o deserto sempre cuidou dos rebeldes, dos de coração selvagem. O músico de country alternativo Gram Parsons tinha só 26 anos quando sofreu overdose de uma combinação de heroína, morfina e álcool em seu quarto de hotel, em Joshua Tree. Seu padrasto (supostamente) malvado queria que o corpo de Parsons fosse levado de avião até Nova Orleans, para ele poder assumir o controle da propriedade do falecido, seguindo a crença errônea de que o portador do corpo ficaria com o espólio.

Um amigo de Parsons chamado Phil Kaufman tinha outros planos. Os dois homens tinham feito um pacto de que, se um deles morresse, "o sobrevivente levaria o corpo do outro até Joshua Tree, tomaria umas bebidas e o queimaria".

De alguma forma, com charme e bebedeira descarada, Kaufman e um cúmplice conseguiram encontrar o caixão de Parsons no aeroporto internacional de Los Angeles e convenceram um funcionário da companhia aérea de que a família de Parsons tinha mudado de ideia. A dupla até fez um policial e um funcionário da companhia aérea os ajudarem a transferir o corpo para um rabecão improvisado (sem placa, com janelas quebradas, cheio de bebida dentro). Eles seguiram com Parsons sacudindo na parte de trás.

Quando chegaram a Cap Rock, uma formação rochosa natural no Joshua Tree National Park, eles tiraram o caixão do carro, encharcaram o corpo de Parsons de combustível e tacaram fogo, disparando uma bola de fogo colossal no céu da noite.

Os dois homens fugiram. Uma camada de combustível não é suficiente para cremar totalmente um corpo, e Parsons foi reencontrado como um cadáver parcialmente queimado. Por tudo que aprontaram, Kaufman e seu cúmplice foram acusados apenas de delito leve por terem roubado o caixão (não o corpo, veja bem). O que sobrou do corpo de Parsons foi enviado para Nova Orleans, onde foi enterrado. O padrasto dele não ficou com o dinheiro.

A sra. Shepard não tinha uma diretiva prévia de "tomar uns goles e botar fogo" para seus restos mortais. Mas tinha sido uma ativista liberal e defensora do meio ambiente a vida toda, e a família achava que embalsamamento e um caixão de metal seriam contra tudo que ela defendia.

Tony, um nativo de Joshua Tree coberto de tatuagens, tinha cavado manualmente o túmulo de um metro e vinte no começo da manhã, antes que o sol impiedoso subisse. O solo arenoso e desintegrado estava empilhado ao lado do túmulo, e quatro tábuas de madeira atravessavam o buraco.

Nós carregamos a sra. Shepard até o local e colocamos o corpo embrulhado na mortalha sobre as tábuas, onde ficou acima da cova. Pela mortalha, dava para ver o contorno do corpo. Era humildade no maior nível, da forma como um enterro teria sido quando a terra ainda era selvagem — os únicos elementos sendo uma pá, um pouco de madeira, uma mortalha, e um morto ou uma morta. Três funcionários do cemitério puxaram a sra. Shepard alguns centímetros para fora das tábuas com tiras compridas, enquanto eu me ajoelhava e empurrava as tábuas de debaixo dela. Em seguida, eles a baixaram, enquanto o coveiro Tony entrava ao lado dela para levá-la em segurança até a terra abaixo.

Depois de um momento de silêncio, os três homens, trabalhando com pás e ancinhos, jogaram a terra no buraco, em cima da sra. Shepard. Na metade do processo, eles colocaram uma camada pesada de pedra, para afastar coiotes interessados (esse passo parece ser mais como uma superstição, pois não há evidência de que cemitérios naturais atraiam a atenção de animais procurando alimentos). Encher o túmulo demorou dez minutos. Em outros cemitérios, o processo de enterro estraga a grama, deixando o contorno claro e óbvio de um túmulo em meio à paisagem simétrica. Quanto Tony

e sua equipe terminaram, não dava para saber onde ficava o túmulo. A sra. Shepard desapareceu no deserto infinito.

É isso que eu quero na morte: desaparecer. Se eu tiver sorte, vou desaparecer e ser engolida pela terra, como a sra. Shepard. Mas essa não seria minha primeira escolha.

> *Em dois minutos eles reapareceram com o suporte vazio e o pano branco; e eles mal tinham fechado a porta quando uma dezena de abutres desceu sobre o corpo, e foram rapidamente seguidos de outros. Em cinco minutos mais, nós vimos as aves saciadas saírem voando e pousarem preguiçosamente no parapeito novamente. Elas não deixaram nada além de um esqueleto.*

Em 1876, o *Times* de Londres descreveu essa cena ocorrida em um *dakhma*, conhecido no Ocidente por sua tradução sinistra, "torre do silêncio". Naquele dia, bandos de abutres devoraram um corpo humano até só restar o esqueleto, em minutos. Esse consumo é exatamente o que os parses (descendentes dos seguidores iranianos do zoroastrismo) desejam para seus cadáveres. A religião vê os elementos — terra, fogo, água — como sagrados, e, por isso, não podem ser maculados por um corpo sujo. A cremação e o enterro não são opções de descarte.

Os parses construíram suas primeiras torres do silêncio no final do século XIII. Atualmente, há três torres altas em uma colina em um bairro exclusivo e abastado de Mumbai. Um anfiteatro circular de tijolos com teto aberto, a torre do silêncio exibe círculos concêntricos nos quais são colocados oitocentos corpos levados às torres todos os anos. O círculo externo é para homens, o do meio para mulheres, o mais interno para crianças. No centro, os ossos (pós-abutre) são reunidos para se decomporem lentamente na terra.

Um funeral parse é um ritual elaborado. O corpo é coberto de urina de vaca e levado pela família e pelos atendentes da torre. Há recitações, vigílias contínuas e orações por toda a noite. Só então o corpo é levado para a torre.

Esse antigo ritual chegou a um entrave nos anos recentes. Houve uma época em que a Índia tinha uma população de abutres de 400 milhões. Em 1876, o consumo veloz do corpo era a norma. "Os parses falam de uma época em que os abutres ficavam esperando os corpos nas torres do silêncio", explicou o professor de zoroastrismo de Harvard, Yuhan Vevaina. "Atualmente, não há nenhum."

É difícil cremar sem fogo. É ainda mais difícil descartar um corpo por meio de abutres sem abutres. A população de abutres caiu em 99%. No começo dos anos 1990, a Índia permitiu o uso de diclofenaco (um analgésico leve, similar ao ibuprofeno) em gado doente. As dores nos cascos e úberes foram aliviadas, mas quando o animal morria e os fiéis abutres iam comer a carne, o diclofenaco fazia seus rins pararem de funcionar. Parece injusto que criaturas de estômago de ferro como elas, acostumadas a devorar carniça podre no sol quente, pudessem ser atingidas por uma coisa parecida com Advil.

Sem os abutres, os corpos nas torres do silêncio ficam esperando os navegadores dos céus que nunca vão aparecer. Os vizinhos sentem o cheiro. A mãe de Dhan Baria foi colocada na torre quando morreu, em 2005.

Um dos atendentes da torre disse para Baria que os corpos ficam expostos e meio podres, sem nenhum abutre à vista. Ela contratou fotógrafos para entrarem escondidos, e as fotografias tiradas (mostrando corpos realmente deitados expostos e meio podres) provocaram um escândalo na comunidade parse.

Os atendentes da torre tentaram compensar a falta de abutres. Montaram espelhos para concentrar energia solar em um grupo de cadáveres, como uma criança de 9 anos queimando insetos com uma lente de aumento. Mas a luz solar não funciona durante a época nublada das monções. Tentaram jogar produtos químicos dissolventes direto nos corpos, mas isso fez uma sujeira desagradável. As pessoas da família, como Dhan Baria, perguntam por que os parses não podem mudar e adaptar suas tradições, experimentar enterros ou cremações, para que os corpos como o de sua mãe não fiquem intactos na pedra fria. Mas os sacerdotes são obstinados. Com ou sem abutres, não haverá mudança nas torres do silêncio.

É uma grande ironia. Há pessoas nos Estados Unidos encantadas com a ideia de dar seus corpos a animais no fim da vida — e temos abutres mais do que suficientes e outros animais comedores de carniça para conseguir isso. Mas o governo, os líderes religiosos e outros nunca permitiriam um espetáculo tão horrível em solo americano. Não, nossos líderes nos dizem: cremação e enterro, essas são suas opções.

Dhan Baria e um número crescente de parses incomodados com o tratamento de seus mortos gostariam de explorar a cremação ou o enterro. Não, seus líderes dizem: abutres, essa é sua opção.

Desde que descobri o sepultamento no céu, eu soube o que queria para meus restos mortais. Na minha visão, o sepultamento por animais é o jeito mais seguro, limpo e humano de descartar corpos, e oferece um novo ritual que pode nos levar para mais perto das realidades da morte e de nosso verdadeiro lugar no planeta.

Nas montanhas do Tibete, onde a madeira para cremação é pouca e o solo é rochoso e congelado demais para enterros, a prática do sepultamento celestial é comum há anos.

O morto é enrolado em tecido em posição fetal, a posição em que nasceu. Os lamas budistas cantarolam em cima do corpo antes de que este seja entregue para o *rogyapa*, o quebrador de corpos. O *rogyapa* desenrola o corpo e corta a carne, serrando pele e tiras de músculos e tendões. Afia o machete em uma pedra próxima. De avental branco, ele parece um açougueiro, o cadáver parecendo mais animal do que humano.

Dentre todos os profissionais da morte no mundo, o trabalho do *rogyapa* é um que não invejo. Um *rogyapa* entrevistado pela BBC disse: "Eu executei muitos sepultamentos no céu. Mas ainda preciso de uísque para fazer isso".

Ali perto, os abutres já começaram a se reunir. São grifos-dos-himalaias, maiores do que se pode imaginar, com envergadura de quase três metros. Os abutres se reúnem, emitindo gritos guturais enquanto os homens os mantêm longe com o uso de varas compridas. Eles se juntam em grupos tão próximos que se tornam uma bola gigante de penas.

O *rogyapa* bate nos ossos descarnados com um martelo, esmagando-os junto com *tsama*, farinha de cevada misturada com leite ou manteiga de iaque. O *rogyapa* pode estrategicamente espalhar os ossos e cartilagens primeiro, e segurar os melhores pedaços de carne. Ele não quer que os abutres encham a barriga com o melhor da carne e percam o interesse, voando para longe antes do corpo todo ser consumido.

O sinal é dado, as varas são recolhidas, e os abutres se aproximam com violência. Eles gritam como monstros enquanto consomem a carniça, mas são, ao mesmo tempo, gloriosos navegantes dos céus, subindo e levando o corpo para seu sepultamento no céu. É um presente virtuoso dar seu corpo assim, devolvendo-o para a natureza, onde pode ser útil.

Os cidadãos do mundo desenvolvido se sentem terrivelmente atraídos por esse processo visceral e sangrento. O Tibete luta contra o que esse crescente tanaturismo (*thano* é o prefixo grego que significa "morte") representa para seus rituais. Em 2005, o governo criou uma regra que proibia a visita, a fotografia e a filmagem nos locais de sepultamento celestial. Mas os guias turísticos continuaram lotando a área, levando veículos quatro por quatro cheios de turistas do leste da China. Apesar de a família do falecido não estar presente na parte dos abutres do ritual, mais de vinte turistas chineses estarão lá, e com iPhones na mão. Eles querem capturar a morte sem a máscara da limpeza, como as urnas de restos cremados que eles recebem onde moram.

Há uma história de um turista ocidental que tentou contornar a regra de não fotografar se escondendo atrás de uma pedra e usando lentes teleobjetivas, sem perceber que sua presença espantou os abutres que costumavam esperar naquela crista. Depois de serem espantados, eles não apareceram para consumir o corpo, o que era considerado um presságio ruim para o ritual.

Eu passei os primeiros trinta anos da minha vida devorando animais. Então por que, quando eu morrer, não pode ser a vez deles comigo? Eu não sou um animal?

O Tibete é o único lugar ao qual eu queria ir nas minhas viagens, mas não consegui. É difícil aceitar que, exceto no caso de uma verdadeira mudança na sociedade, eu nunca vou ter essa opção para o meu cadáver. Além do mais, eu posso nunca testemunhar esse ritual na vida. Se eu fosse o ocidental com a teleobjetiva que espantou os abutres, eu teria que deixar a mim mesma lá para os pássaros também.

PARA TODA A ETERNIDADE
CAITLIN DOUGHTY

RITUAIS QUE TRANSFORMAM
EPÍLOGO

Em um dia frio de outono em Viena, na Áustria, eu fiz um tour particular na cripta abaixo da Michaelerkirche (igreja de São Miguel). Bernard, o jovem austríaco que me levou pela escadaria íngreme de pedra, tinha um inglês perfeito com um sotaque sulista inexplicável.

"Já me disseram que meu sotaque é estranho", disse ele, falando como um general confederado.

Bernard explicou que, na Idade Média, quando os membros da corte dos Habsburgos frequentavam a igreja de São Miguel, havia um cemitério do lado de fora, no pátio. Mas, como costuma acontecer nas cidades grandes da Europa, o cemitério ficou lotado "com muitos corpos em decomposição" — tão lotado, na verdade, que os vizinhos (quer dizer, o imperador) reclamavam do fedor. O cemitério foi fechado, e uma cripta foi construída embaixo da igreja no século XVII.

Muitos dos milhares de corpos enterrados na cripta foram colocados para descansar em camas de lascas de madeira dentro de caixões de madeira. As lascas de madeira absorviam os fluidos da decomposição. A secura que seguia essa absorção de fluidos, em combinação com as correntes de ar frio na cripta, provocava uma mumificação natural espontânea dos corpos.

Bernard apontou uma lanterna para o corpo de um homem, o facho de luz direcionado para o local onde a parte de baixo da peruca da era barroca estava grudada na rígida pele cinzenta. Na mesma fileira, passando pelas pilhas típicas de ossos e crânios encontrados em ossários, o corpo de uma mulher estava tão bem preservado que o nariz ainda se projetava do rosto, uns trezentos anos depois da morte dela. Os dedos delicados e articulados estavam sobre o peito.

A igreja agora deixa quatro dessas múmias da cripta disponíveis para visitação do público. As perguntas que os visitantes fazem a Bernard deviam ser óbvias: "Como essa mumificação aconteceu?". Ou: "Como a igreja conseguiu vencer a recente invasão de besouros devoradores de caixões de madeira da Nova Zelândia?". (Resposta: instalando ar-condicionado.)

Mas o que os visitantes, principalmente os jovens, realmente querem saber é: "Os corpos são reais?".

A pergunta é feita como se os ossos empilhados e os crânios, as fileiras de caixões, as raras múmias, tudo pudesse ser parte de uma atração sinistra de uma cripta assombrada em vez da história da cidade em que eles vivem.

Em quase qualquer local em qualquer cidade grande da Terra, é provável que você esteja sobre milhares de corpos. Esses corpos representam uma história que existe, muitas vezes desconhecida, embaixo dos nossos pés. Enquanto uma nova estação de Crossrail estava sendo construída em Londres em 2015, 3.500 corpos foram escavados de um cemitério dos séculos XVI e XVII embaixo da Liverpool Street, inclusive uma cova coletiva da grande peste negra de 1665. Para cremar corpos, nós queimamos combustíveis fósseis, que levam esse nome porque são feitos de organismos mortos decompostos. Plantas crescem a partir da matéria decomposta de antigas plantas. As páginas deste livro são feitas da polpa de madeira de uma árvore derrubada no ápice de sua vida. Tudo que nos cerca vem da morte, todas as partes de todas as cidades, e todas as partes de todas as pessoas.

Naquele dia de outono em Viena, meu tour particular pela cripta não foi particular por eu possuir um cartão exclusivo de acesso a cadáveres. O tour foi particular porque eu fui a única a aparecer.

Do lado de fora, no pátio que já tinha sido um cemitério lotado, havia muitos grupos de crianças em idade escolar. Elas esperavam pacientemente para serem levadas para o Palácio de Hofburg, onde veriam relíquias do passado, joias e cetros de ouro, e capas. Na igreja em frente ao pátio, descendo alguns degraus íngremes de pedra, havia corpos que podiam ensinar às crianças mais do que qualquer cetro. Havia provas concretas de que tudo que veio antes delas morreu. Todos vão morrer um dia. Nós evitamos a morte que nos cerca por nossa própria conta e risco.

Evitar a morte não é um fracasso individual; é um fracasso cultural. Enfrentar a morte não é para os de coração fraco. É desafiador demais esperar que cada cidadão faça isso por conta própria. A aceitação da morte é responsabilidade de todos os profissionais da morte — diretores funerários, gerentes de cemitério, funcionários de hospital. É responsabilidade de quem recebeu a tarefa de criar ambientes físicos e emocionais em que uma interação segura e aberta com a morte e os cadáveres seja possível.

Nove anos atrás, quando comecei a trabalhar com os mortos, eu ouvi outros profissionais falando sobre proteger o espaço para o moribundo e sua família. Em meu preconceito leigo, "proteger o espaço" me pareceu um jargão hippie cheio de sacarina.

Essa avaliação foi errada. Proteger o espaço é crucial, e é exatamente o que nos falta. Proteger o espaço é criar um anel de segurança em torno da família e dos amigos do morto, oferecendo um lugar onde possam passar pelo luto de forma aberta e sincera, sem medo de serem julgados.

Em todos os lugares para onde viajei, vi esse espaço da morte em ação, e senti o que significa protegê-lo. No columbário de Ruriden, no Japão, fui protegida por uma esfera de Budas brilhando em luzes azuis e roxas. No cemitério do México, fui protegida por uma cerca de ferro batido à luz de dezenas de milhares de velas âmbar acesas. Na pira a céu aberto no Colorado, fui protegida pelos elegantes muros de bambu, que deixavam os presentes em segurança enquanto as chamas ardiam altas. Havia magia em cada um desses lugares. Havia dor, uma dor inimaginável. Mas não havia vergonha nessa dor. Eram lugares para ficar frente a frente com o desespero e dizer: "Estou vendo você aí esperando. E eu o sinto, com força. Mas você não me humilha".

Em nossa cultura ocidental, onde ficamos protegidos na dor? Talvez nos espaços religiosos, igrejas, templos — para os que têm fé. Mas, para todas as outras pessoas, o momento mais vulnerável das nossas vidas é um corredor polonês de obstáculos horríveis.

Primeiro vêm nossos hospitais, que costumam ser vistos como shows de horror, frios e antissépticos. Em uma reunião recente, uma conhecida minha de muito tempo pediu desculpas por ter ficado tão inacessível, mas a mãe dela tinha acabado de morrer em um hospital de Los Angeles. Houve uma doença prolongada, e sua mãe passou as últimas semanas deitada em um colchão inflável especial, designado para impedir escaras que podem se desenvolver depois de longos períodos de imobilidade. Depois da morte, as enfermeiras, solidárias, disseram para a minha conhecida que ela podia levar o tempo que precisasse com o corpo da mãe. Depois de alguns minutos, um médico entrou no quarto. A família nunca tinha visto aquele médico, e ele preferiu não se apresentar. Ele andou até o prontuário da mãe dela, leu-o rapidamente, se inclinou e puxou o plugue do colchão inflável. O corpo sem vida da mãe da minha amiga foi jogado para cima e balançado de um lado para o outro "como um zumbi" enquanto o ar saía do colchão. O médico saiu sem dizer nada. A família não ficou protegida. Assim que a mãe deu o último suspiro, eles foram expulsos.

Em segundo lugar, vêm nossas funerárias. Um executivo da Service Corporation International, a maior empresa funerária e de cemitérios do país, admitiu recentemente que "a indústria foi realmente construída em torno da venda de caixões". Conforme cada vez menos pessoas veem valor em colocar o corpo preparado da mamãe em um caixão de 7 mil dólares e acabam procurando cremações simples, a indústria precisa encontrar uma nova forma de sobreviver financeiramente, vendendo não um "serviço funerário", mas uma "reunião" em uma "sala de experiências multissensoriais".

Como um artigo recente do *Wall Street Journal* explicou: "Usando equipamentos de áudio e vídeo, as salas de experiência podem criar uma atmosfera de campo de golfe, até com o cheiro de grama recém-cortada, para saudar a vida de um fã de golfe. Ou podem conjurar uma praia, uma montanha ou um estádio de futebol americano".

Talvez pagar vários milhares de dólares para fazer um funeral em um falso campo de golfe "multissensorial" faça as famílias se sentirem protegidas na dor, mas tenho minhas dúvidas.

Minha mãe fez 70 anos recentemente. Uma tarde, como exercício, imaginei tirar o corpo mumificado da minha mãe do túmulo, como fazem em Tana Toraja, na Indonésia. Puxar os restos dela para perto, colocá-la de pé, olhar nos olhos dela anos depois de sua morte — a ideia não me alarmava mais. Além de eu conseguir encarar uma tarefa assim, acredito que eu encontraria consolo no ritual.

Proteger o espaço não quer dizer deixar a família imóvel na dor. Também quer dizer dar a ela tarefas importantes. Usar palitinhos para pegar osso a osso metodicamente e colocá-los em uma urna, construir um altar para convidar a visita de um espírito uma vez por ano, até tirar um corpo do túmulo para limpá-lo e trocar sua roupa: essas atividades dão sentimento de propósito a quem sofre a perda. Um sentimento de propósito ajuda a pessoa a enfrentar a dor. Enfrentar a dor ajuda a pessoa a começar a se curar dela.

Nós não vamos recuperar nossos rituais se não comparecermos. Compareça primeiro, e os rituais virão. Insista em ir à cremação, insista em ir ao enterro. Insista em estar envolvido, mesmo que seja só penteando o cabelo da sua mãe quando ela estiver deitada no caixão. Insista em passar o batom favorito dela, o que ela nem sonhava em ir para o túmulo sem usar. Insista em cortar uma mecha do cabelo dela e colocar em um pingente ou um anel. Não tenha medo. São atos humanos, atos de coragem e amor frente à morte e à perda.

Eu ficaria à vontade com o corpo da minha mãe precisamente porque *eu estaria protegida*. O ritual não envolve entrar em um cemitério na calada da noite para espiar uma múmia. O ritual envolve puxar alguém que eu amava, e assim também a minha dor, para a luz do dia. Saudar minha mãe, junto com meus vizinhos e familiares — com minha comunidade ao meu lado me dando apoio. A luz do sol é o melhor desinfetante, dizem. Independentemente do que seja necessário, o trabalho árduo começa para o Ocidente ao jogarmos nosso medo, a vergonha e a dor que cercam a morte para a luz desinfetante do sol.

LITERATURA DE MORTE
FONTES CONSULTADAS

INTRODUÇÃO

FRASER, James W. *Cremation: Is It Christian?*. Loizeaux Brothers, Inc., 1965.

HERODOTUS. *The History*. Translated by David Grene, University of Chicago Press, 2010. [Ed. bras.: *História*. São Paulo: Montecristo, 2013 (e-book).]

SEEMAN, Erik R. *Death in the New World: Cross-Cultural Encounters, 1492—1800*. University of Pennsylvania Press, 2011.

_____. *The Huron–Wendat Feast of the Dead: Indian–European Encounters in Early North America*. Johns Hopkins University Press, 2011.

COLORADO

ABBEY, Edward. *Desert Solitaire: A Season in the Wilderness*. Ballantine Books, 1971.

"HINDU Fights for Pyre 'Dignity'". BBC News, 24 mar. 2009.

JOHANSON, Mark. "Mungo Man: The Story Behind the Bones that Forever Changed Australia's History". *International Business Times*, 4 mar. 2014.

KAPOOR, Desh. "Last Rites of Deceased in Hinduism". *Patheos*, 2 jan. 2010.

LAUNGANI, Pittu. "Death in a Hindu Family". In: PARKES, Colin Murray; LAUNGANI, Pittu; YOUNG, Bill (orgs.). *Death and Bereavement Across Cultures*. Taylor & Francis, Inc., 1997.

MARSH, Michael. "Newcastle Hindu Healer Babaji Davender Ghai Reignites

Funeral Pyre Plans". *Chronicle Live*, 1º fev. 2015.

MAYNE CORREIA, Pamela M. "Fire Modification of Bone: A Review of the Literature". In: SORG, Marcella H.; HAGLUND, William D. (orgs.). *Forensic Taphonomy: The Postmortem Fate of Human Remains*. CRC Press, 1996.

PROTHERO, Stephen. *Purified by Fire: A History of Cremation in America*. University of California Press, 2002.

SAVAGE, David G. "Monks in Louisiana Win Right to Sell Handcrafted Caskets". *Los Angeles Times*, 19 out. 2013.

INDONÉSIA

ADAMS, Kathleen M. *Art as Politics: Re-crafting Identities, Tourism, and Power in Tana Toraja, Indonesia*. University of Hawaii Press, 2006.

_____. "Club Dead, Not Club Med: Staging Death in Contemporary Tana Toraja (Indonesia)". *Southeast Asian Journal of Social Science*, v. 21, n. 2, pp. 62–72, 1993.

_____. "Ethnic Tourism and the Renegotiation of Tradition in Tana Toraja (Sulawesi, Indonesia)". *Ethnology*, v. 36, n. 4, pp. 309–20, 1997.

CHAMBERT-LOIR, Henri; REID, Anthony (orgs.). *The Potent Dead: Ancestors, Saints and Heroes in Contemporary Indonesia*. University of

Hawaii Press, 2002.

MITFORD, Jessica. *The American Way of Death Revisited*. Knopf Doubleday, 2011.

TSINTJILONIS, Dimitri. "The Death-Bearing Senses in Tana Toraja". *Ethnos*, v. 72, n. 2, pp. 173–94, 2007.

VOLKMAN, Toby. "The Riches of the Undertaker". *Indonesia*, v. 28, pp. 1–16, 1979.

YAMASHITA, Shinji. "Manipulating Ethnic Tradition: The Funeral Ceremony, Tourism, and Television among the Toraja of Sulawesi". *Indonesia*, v. 58, pp. 69–82, 1994.

MÉXICO

BRADBURY, Ray. "Drunk, and in Charge of a Bicycle". *The Stories of Ray Bradbury*. Alfred A. Knopf, 1980. [Ed. bras.: "Bêbado e no comando de uma bicicleta". *O Zen e a Arte da Escrita*. Trad. de Texto Editores Ltda. São Paulo: LeYa, 2011.]

CARMICHAEL, Elizabeth; SAYER, Chloë. *The Skeleton at the Feast: The Day of the Dead in Mexico*. University of Texas Press, 1991.

"CHAVEZ Ravine: A Los Angeles Story". Escrito e dirigido por Jordan Mechner. *Independent Lens*, PBS, 2003.

VIDA e obra de Frida Kahlo. Escrito e dirigido por Amy Stechler. PBS, 2005.

LOMNITZ, Claudio. *Death*

and the Idea of Mexico. Zone Books, 2008.

QUIGLEY, Christine. *Modern Mummies: The Preservation of the Human Body in the Twentieth Century*. McFarland, 2006.

ZETTERMAN, Eva. "Frida Kahlo's Abortions: With Reflections from a Gender Perspective on Sexual Education in Mexico". *Konsthistorisk Tidskrift / Journal of Art History*, v. 75, n. 4, pp. 230–43.

CAROLINA DO NORTE

BRUNETTI, Ludovico. *Cremazione e conservazione dei cadaveri*. Trad. de Ivan Cenzi. Tipografia del Seminario, 1884.

ELLIS, Richard. *Singing Whales and Flying Squid: The Discovery of Marine Life*. Lyons Press, 2006.

FRYLING, Kevin. "IU School of Medicine-Northwest Honors Men and Women Who Donate Their Bodies to Educate the Next Generation of Physicians". *Inside IU*, 6 fev. 2013.

HELLIKER, Kevin. "Giving Back an Identity to Donated Cadavers". *Wall Street Journal*, 1° fev. 2011.

LAQUEUR, Thomas. *The Work of the Dead: A Cultural History of Mortal Remains*. Princeton University Press, 2015.

MONBIOT, George. "Why Whale Poo Matters". *Guardian*, 12 dez. 2014.

NICOL, Steve. "Vital Giants: Why Living Seas Need Whales". *New Scientist*, 6 jul. 2011.

PERRIN, W.F.; WURSIG, B.; THEWISSEN, J. G. M. (orgs.). *Encyclopedia of Marine Mammals*. Academic Press, 2002.

PIMENTEL, D. et al. "Environmental and Economic Costs of Soil Erosion and Conservation Benefits". *Science*, v. 267, n. 24, pp. 1117–22, 1995.

ROCHA, Robert C.; CLAPHAM, Phillip J.; IVASHCHENK, Yulia V... "Emptying the Oceans: A Summary of Industrial Whaling Catches in the 20th Century". *Marine Fisheries Review*, v. 76, pp. 37–48, 2014.

WHITMAN, Walt. *Leaves of Grass*. Dover, 2007. [Ed. bras.: *Folhas de Relva*. Trad. Rodrigo Garcia Lopes. São Paulo: Iluminuras, 2008.]

ESPANHA

ADAM, David. "Can Unburied Corpses Spread Disease?". *Guardian*, 6 jan. 2005.

ESTRIN, Daniel. "Berlin's Graveyards Are Being Converted for Use by the Living". *The World*, PRI, 8 ago. 2016.

KOKAYEFF, Nina. "Dying to Be Discovered: Miasma vs. Germ Theory". *ESSAI*, v. 10, artigo 24, 2013.

MARSH, Tanya. "Home Funerals, Rent-Seeking, and Religious Liberty". *Huffington Post*, 22 fev. 2016.

RAHMAN, Rema. "Who, What, Why: What Are the Burial Customs in Islam?". BBC News, 25 out. 2011.

JAPÃO

ASHTON, John; WHYTE, Tom. *The Quest for Paradise*. HarperCollins, 2001.

BERNSTEIN, Andrew. *Modern Passing: Death Rites, Politics, and Social Change in Imperial Japan*. University of Hawaii Press, 2006.

BRODESSER-AKNER, Taffy. "Marie Kondo and the Ruthless War on Stuff". *New York Times Magazine*, 6 jul. 2016.

"FAMILY of Dead '111-Year-Old' Man Told Police He Was a 'Human Vegetable'". *Mainchi Shimbun*, 30 jul. 2010.

IGA, Mamoru. *The Thorn in the Chrysanthemum: Suicide and Economic Success in Modern Japan*. University of California Press, 1986.

LLOYD PARRY, Richard. *People Who Eat Darkness: The True Story of a Young Woman Who Vanished from the Streets of Tokyo—and the Evil That Swallowed Her Up*. Farrar, Straus & Giroux, 2011. [Ed. bras.: *Devoradores de sombras*. Trad. Rogerio Bettoni. São Paulo: Três Estrelas, 2015.]

LYNN, Marri. "Thomas Willson's Metropolitan Sepulchre". *Wonders and Marvels*, 2012.

MOCHIZUKI, Takashi; PFANNER, Eric. "In Japan, Dog Owners Feel Abandoned as Sony Stops Supporting 'Aibo'". *Wall Street Journal*, 11 fev. 2015.

SCHLESINGER, Jacob M.; MARTIN, Alexander. "Graying Japan Tries to Embrace the Golden Years". *Wall Street Journal*, 29 nov. 2015.

STEVENS CURL, James. *The Egyptian Revival: Ancient Egypt as the Inspiration for Design Motifs in the West*. Routledge, 2013.

SUZUKI, Hikaru. *The Price of Death: The Funeral Industry in Contemporary Japan*. Stanford University Press, 2002.

VENEMA, Vibeke. "How the Selfie Stick was Invented Twice". BBC World Service, 19 abr. 2015.

BOLÍVIA

DEAR, Paula. "The Rise of the 'Cholitas'". BBC News, 20 fev. 2014.

FAURE, Bernard. *The Power of Denial: Buddhism, Purity, and Gender.* Princeton University Press, 2003.

FERNÁNDEZ JUÁREZ, Gerardo. "The Revolt of the 'Ñatitas': 'Ritual Empowerment' and Cycle of the Dead in La Paz, Bolivia". *Revista de Dialectología y Tradiciones Populares*, v. 65, n. 1, pp. 185–214, 2010.

HARPER, Elizabeth. "The Neapolitan Cult of the Dead: A Profile for Virginia Commonwealth University". Virginia Commonwealth University's World Religions and Spirituality Project.

NUWER, Rachel. "Meet the Celebrity Skulls of Bolivia's Fiesta de las Ñatitas". *Smithsonian*, 17 nov. 2015.

SCOTTO DI SANTOLO, A.; EVANGELISTA, L.; EVANGELISTA, A... "The Fontanelle Cemetery: Between Legend and Reality". Trabalho apresentado no Second International Symposium on Geotechnical Engineering for the Preservation of Monuments and Historic Sites, University of Naples Federico II.

SHAHRIARI, Sara. "Cholitas Paceñas: Bolivia's Indigenous Women Flaunt Their Ethnic Pride". *Guardian*, 22 abr. 2015.

_____. "Skulls and Souls: Bolivian Believers Look to the Spirit World". Al Jazeera, 12 nov. 2014.

WILSON, Liz. *Charming Cadavers: Horrific Figurations of the Feminine in Indian Buddhist Hagiographic Literature.* University of Chicago Press, 2006.

CALIFÓRNIA

DESAI, Sapur F. *History of the Bombay Parsi Punchayet, 1860–1960.* Trustees of the Parsi Punchayet Funds and Properties, 1977.

MOSS, Marissa R. "Flashback: Gram Parsons Dies in the Desert". *Rolling Stone*, 19 set. 2014.

HANNON, Elliot. "Vanishing Vultures a Grave Matter for India's Parsis". NPR, 5 set. 2012.

JACOBI, Keith P. "Body Disposition in Cross Cultural Context: Prehistoric and Modern Non-Western Societies." In: BRYANT, Clifton D. (org.). *Handbook of Death and Dying*, SAGE Reference, 2003.

KERR, Blake. *Sky Burial: An Eyewitness Account of China's Brutal Crackdown in Tibet.* Shambhala, 1997.

KHAN, Uzra. "Waiting for Vultures". *Yale Globalist*, 1° dez. 2010.

KREYENBROEK, Philip G. *Living Zoroastrianism: Urban Parsis Speak about their*

Religion. Routledge, 2001.

"THE STRANGE Tale of Gram Parsons' Funeral in Joshua Tree". *Desert*USA, 14 set. 2015.

SUBRAMANIAN, Meera. "India's Vanishing Vultures". *VQR*, v. 87, 9 set. 2015.

EPÍLOGO

HAGERTY, James R. "Funeral Industry Seeks Ways to Stay Relevant". *Wall Street Journal*, 3 nov. 2016.

RUGGERI, Amanda. "The Strange, Gruesome Truth about Plague Pits and the Tube". BBC, 6 set. 2015.

LEITURAS ADICIONAIS SOBRE A MORTE AO REDOR DO MUNDO

DOUGHTY, Caitlin. *Confissões do Crematório*. DarkSide Books, 2016. Trad. Regiane Winarski.

JONES, Barbara. *Design for Death*. Bobbs-Merrill, 1967.

KOUDOUNARIS, Paul. *Memento Mori: The Dead Among Us*. Thames & Hudson, 2015.

METCALF, Peter; HUNTINGTON, Richard. *Celebrations of Death: The Anthropology of Mortuary Ritual*. Cambridge University Press, 1991.

MURRAY, Sarah. *Making an Exit: From the Magnificent to the Macabre—aHow We Dignify the Dead*. Picador, 2012.

AGRADECIMENTOS

Pode acreditar, eu não me arrastei pelo mundo sem ajuda *de verdade*.

Este livro era a escuridão frente às profundezas. Ganhou forma do nada por minha mãe-agente Anna Sproul-Latimer e pelo meu pai-editor Tom Mayer. "Que haja livro!", eles disseram. E houve livro.

A todas as outras pessoas incríveis do Time Caitlin na w.w. Norton, com agradecimentos especiais a Steve Colca, Erin Sinesky Lovett, Sarah Bolling, Allegra Huston, Elizabeth Kerr e Mary Kate Skehan.

Aos olhos selvagens que destroçaram os primeiros rascunhos deste livro: Will C. White, Louise Hung, David Forrest, Mara Zehler, Will Slocombe e Alex Frankel.

A Paul Koudounaris... só por ser você.

A Sarah Chavez, por ser meu braço direito em todas as coisas e por confiar a mim sua história.

À minha pobre diretora funerária Amber Carvaly, a quem deixei cuidando da funerária sozinha enquanto eu era uma dona ausente.

A Bianca Daalder-van Iersel e Conner Habib, por me jogarem pela linha de chegada chutando e gritando.

Nas minhas viagens: a todos os integrantes inspiradores do Crestone End of Life Project no Colorado, a Agus Lamba e Katie Innamorato na Indonésia, a Claudia Tapia e Mayra Cisneros no México, a Eriko Takeuchi e Ayako Sato no Japão, a Katrina Spade e Cheryl Johnston na Carolina do Norte, a Jordi Nadal na Espanha, e a Andres Bedoya na Bolívia.

Finalmente, a Landis Blair, que foi um namorado legal, mas agora é um colaborador incrível.

CAITLIN DOUGHTY é agente funerária, escritora e mantém um canal no YouTube onde fala com bom humor sobre a morte e as práticas da indústria funerária. É criadora da websérie *Ask a Mortician*, fundadora do grupo The Order of the Good Death (que une profissionais, acadêmicos e artistas para falar sobre a mortalidade) e autora de *Confissões do Crematório* (DarkSide® Books, 2016). Saiba mais em orderofthegooddeath.com.

LANDIS BLAIR nasceu em 1983 em Illinois, Estados Unidos, e tornou-se quadrinista e ilustrador. Publicou a graphic novel *The Hunting Accident: A True Story of Crime*, escrita por David Carlson, além de várias histórias curtas, como *The Envious Siblings, Anemone Anomaly, The Progressive Problem, Crosswalk, The Regressive Solution* e *Moonboy*. Membro ativo do grupo The Order of the Good Death, Landis também é ilustrador de *Para Toda a Eternidade*. Saiba mais em landisblair.com.

*Though you are gone
This love that you left with me will live
From here to eternity*

CONHECEREMOS A MORTE DE MÃOS DADAS

DARKSIDEBOOKS.COM

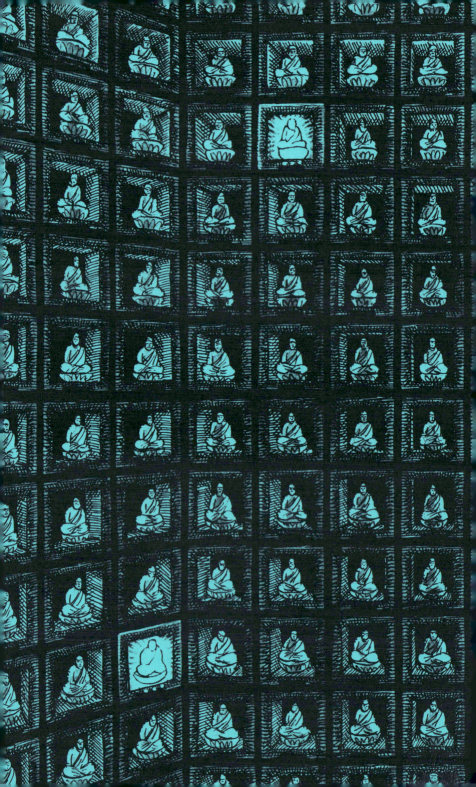